P・ブルデュー

知の総合をめざして

歴史学者シャルチエとの対話

加藤晴久
倉方健作
編訳＝解説

Bourdieu Library
藤原書店

知の総合をめざして　歴史学者シャルチエとの対話

目次

第II部　社会学のための弁明

ピエール・ブルデュー（加藤晴久訳）　123

講義についての講義　125

社会学の擁護　177

参与的客観化　197

訳者解説　235

知の総合をめざして

歴史学者シャルチエとの対話

凡例

一　原文のイタリックのうち、強調を示すものは訳語に傍点を付し、フランス語以外の単語を示すものは必要に応じて振り仮名を添えた。

一　原文の〝　〟は「　」とした。また、意味のまとまりを示すため、原文にはない〈　〉を補った箇所がある。

一　書籍名・定期刊行物名は『　』で、論文名・記事名は「　」で括った。

一　読みやすさを考慮して、原文にはない改行を補った。

一　原注は（1）（2）……、訳注は＊1、＊2……の番号を付した。

一　訳者による補足は本文中に〔　〕で挿入した。

一　引用文のうち邦訳のある文献はできるだけ参照し、注に明記した。

第I部

社会学者と歴史学者

ピエール・ブルデュー
ロジェ・シャルチエ
（倉方健作訳）

本文の校訂は、ミシェル・カイエティ、ティエリ・ディセポロ、ジル・ル・ブーズ、フランク・プポー、ジャック・ヴィアルによる。

Pierre Bourdieu & Roger Chartier, *Le sociologue et l'historien*, Éditions Agone & Raisons d'Agir, 2010

まえがき——生の声で

一九八八年にピエール・ブルデューとおこなったこれらの対話を読んで、私が最初に感じたことは、この五回の放送が私の記憶に残した彼の姿を再びそのまま見出したという思いだった。彼はエネルギッシュで、愉快で、情熱に溢れていた。この小著の長所は、コレージュ・ド・フランス教授という絶大な権威や[1]、当時参加した論争のために隠されがちな彼の思考法を、生き生きとした対話のレベルで捉えているところにあると思われる。だからといって、最初期から変わることのない分析カテゴリーと明証性の要求の上に確立された彼の仕事の継続性や一貫性が覆い隠されることもない。この五回の対話に見出されるのは、のちに彼自身が選んだり課せられたりした役割にはそれほど縛られていない、少し違ったブルデューである。朗らかで、快活

(1) ピエール・ブルデューは、コレージュ・ド・フランスの社会学講座の最初の講義を一九八二年におこなった。これはミニュイ社から *Leçon sur la leçon*〔本書収録『講義についての講義』〕の題で刊行された。

で、他人にも自分自身にも皮肉を飛ばすブルデューであり、彼の仕事がもたらした学問上の断絶を確かに感じながらも、他分野や他種のアプローチとも対話する用意があるブルデューである。

時代の隔たりを度外視してこれらの対話を読むべきではなく、むしろ当時に立ち返る必要がある。一九八七年、当時ジャン＝マリ・ボルゼが局長だったフランス・キュルチュールは、[2]シリーズ番組「生の声で」へのブルデューの出演を望んでいた。対話の相手として、駆け出しではないにしても目立つ存在ではなかったひとりの歴史家に白羽の矢が立ったのは、私が制作していた——そして現在も制作している——毎月一回月曜日放送の「歴史の月曜日」に彼が何度か出演していて、[3]私が彼の知性に感嘆し好意を抱いていることが知られていたからだろう。ほとんど間を置かずに刊行された二冊の著作、『ディスタンクシオン』と『実践感覚』[4]を扱った放送では、パトリック・フリダンソンと、ブルデューとは互いに敬意で結ばれていたジョルジュ・デュビィとの対話の場を設けた。[5]この放送は私にとって、番組史上もっとも強烈な記憶のひとつである。誤読したか、むしろ反対に必要以上に理解した何人かの歴史家たちが『ディスタンクシオン』を容赦ない批判の的にしていた時期に、この対話は逆に、歴史学者も社会学者も分類《クラシフィカシオン》間の闘争を階級《クラス》間の闘争と同様に（両者の分割が可能であるとすればだが）現実として理解すべきであり、社会の対立し合う表象は、社会を表現すると同時に社会を作り出しているのだ、と明らかにしたのである。

　一九八八年当時のブルデューは、多くの人にとって『ディスタンクシオン』の著者であった。まさにこの著作が、論争とメディアの力を借りて、社会学者ブルデューを知識人層と一般大衆の前に押し出したのである。(6) だが、この出版以前からすでにブルデューには研究者としての長いキャリアがあり、カビリア地方における民俗学の業績、(7) フランスの学校制度の分析、(8) 写真の

（2）ジャン＝マリ・ボルゼは一九七四年から一九九九年までフランス・キュルテュール局長を務めた。

（3）美術史と社会学についてカルロ・ギンズブルグ、ルイ・マランとおこなった一九八三年一〇月二四日の放送、およびアラン・ヴィアラの著作 *Naissance de l'écrivain. Sociologie de la littérature à l'âge classique*〔塩川徹也監訳『作家の誕生』、藤原書店、二〇〇五年〕についてクリスチャン・ジュオー、アラン・ヴィアラとおこなった一九八五年七月八日の放送である。

（4）それぞれミニュイ社から一九七九年と一九八〇年に刊行された。

（5）「歴史の月曜日」のこの回は一九八〇年二月二五日に放送された。

（6）一九七九年一二月二一日にベルナール・ピヴォ司会のテレビ番組「アポストロフ」にフェルナン・ブローデル、マックス・ガロとともに出演した際、ブルデューはこの本を紹介していた。放送タイトルは「歴史学者と社会学者と小説家」であった。

（7）Pierre Bourdieu, *Esquisse d'une théorie de la pratique, précédé de trois études d'ethnologie kabyle*〔実践理論素描カビリア民俗学研究三論文併録〕, Genève, Droz, 1972.

（8）Pierre Bourdieu et Jean-Claude Passeron, *Les Héritiers. Les étudiants et la culture*, Minuit, 1964〔石井洋二郎監訳『遺産相続者たち——学生と文化』、藤原書店、一九九七年〕; Pierre Bourdieu et Jean-Claude Passeron, *La Reproduction. Éléments pour une théorie du système d'enseignement*, Minuit, 1970〔宮島喬訳『再生

社会的機能、[9] 美術館通いに関する共同調査、[10] そして実践《プラティック》理論に関する理論的考察が、説得的で緻密な著作群を彩っていた。[11] これらの力強い一連の著作も、萌芽する研究に向けられる驚くべき活力を汲み尽くすことはなく、それは同様に他のさまざまな対象にも向けられた。すなわち世論調査、[12] 結婚戦略、[13] オート・クチュール、[14] スポーツの実践、[15] 雇用者の社会学[16] やフランスにおける司祭職の社会学[17] などである。しばしば対話や講演の形式で発表されたこれらの分析のいくつかは、『社会学の諸問題』と題された小著にまとめられていた。[18] 一九八〇年代には、コレー

産――教育・社会・文化』、藤原書店、一九九一年〕; Pierre Bourdieu et Monique de Saint-Martin, « Les catégories de l'entendement professoral〔教師的悟性の分類〕» et « Épreuve scolaire et consécration sociale. Les classes préparatoires aux grandes écoles〔試験と社会的評価の確立〕», *Actes de la recherche en sciences sociales* (*ARSS*), mai 1975, n° 3, p. 68-93, et septembre 1981, n° 39, p. 3-70. 最後に挙げた論文二篇は対談中にピエール・ブルデューによって言及されている。

（9） Luc Boltanski, Pierre Bourdieu, Robert Castel et Jean-Claude Chamboredon, *Un art moyen. Essai sur les usages sociaux de la photographie*, Minuit, 1965〔山縣熙・山縣直子訳『写真論――その社会的効用』、法政大学出版局〈叢書ウニベルシタス〉、一九九〇年／新装版二〇一一年〕.

（10） Pierre Bourdieu, André Darbel et Dominique Schnapper, *L'Amour de l'art. Les musées et leur public*, Minuit, 1966〔山下雅之訳『美術愛好――ヨーロッパの美術館と観衆』、木鐸社、一九九四年〕.

（11） イヴェット・デルソーとマリ＝クリスティーヌ・リヴィエールの手による卓越した書誌によってその全貌が見渡せる。Yvette Delsaut et Marie-Christine Rivière, *Bibliographie des travaux de Pierre Bourdieu, suivi d'un entretien sur l'esprit de la recherche*〔ピエール・ブルデュー書誌〕, Le Temps des cerises, 2002, mise à jour en 2009.

(12) Pierre Bourdieu, « L'opinion publique n'existe pas », *Noroît*, février 1971, n° 155〔小松田儀貞訳「世論なんてない」、田原音和監訳『社会学の社会学』所収、藤原書店、一九九一年、二八七―三〇二頁〕.

(13) Pierre Bourdieu, « Les stratégies matrimoniales dans les systèmes de reproduction〔再生産システムにおける結婚戦略〕», *Annales ESC*, juillet-octobre 1972, p. 1105-1127, et « De la règle aux stratégies. Entretien avec Pierre Lamaison », *Terrains*, mars 1985, n° 4, p. 93-100〔石崎晴己訳「規制から戦略へ」、『構造と実践――ブルデュー自身によるブルデュー』所収、藤原書店、一九八八年、九六―一二二頁〕.

(14) Pierre Bourdieu, « Haute couture et haute culture », *Noroît*, novembre 1974, n° 192〔水島和則訳「オート・クチュールとオート・キュルチュール」、田原音和監訳『社会学の社会学』、藤原書店、一九九一年、二五一―二六四頁〕, et, avec Yvette Delsaut, « Le couturier et sa griffe. Contribution à une théorie de la magie〔デザイナーとブランド――魔力の理論への補考〕», *ARSS*, janvier 1975, n° 1, p. 7-36.

(15) Pierre Bourdieu, « Pratiques sportives et pratiques sociales », *in Actes du VIIe Congrès international de l'HISPA*, INSEP, 1978, tome I, p. 17-37.〔田原音和訳「人はどのようにしてスポーツ好きになるのか」、田原音和監訳『社会学の社会学』所収、藤原書店、一九九一年、二二三―二五〇頁〕.

(16) Pierre Bourdieu et Monique de Saint Martin, « Le patronat〔雇用者〕», *ARSS*, mars-avril 1978, n° 20/21, p. 3-82.

(17) Pierre Bourdieu et Monique de Saint Martin, « La sainte famille. L'épiscopat français dans le champ du pouvoir〔聖家族――権力界における司教職〕», *ARSS*, 44-45, novembre 1982, p. 2-53.

(18) Pierre Bourdieu, *Questions de sociologie*, Minuit, 1980〔田原音和監訳『社会学の社会学』、藤原書店、一九九一年〕.

ジュ・ド・フランス教授に就任した社会学者の知的軌跡を、三冊の著作が際立たせていた。一九八二年の『話すということ』[19]、一九八四年の、彼にとって最も困難であったに違いない著作『ホモ・アカデミクス』[20]、そして、私たちの対話の数カ月前に刊行された、口頭での発言をまとめた『語られたことども』[21]である。

「生の声で」の時期のブルデューは『芸術の規則』[22]を準備中であり、これはマネとフロベールを対象に進めている仕事の話をするときの情熱にも示されている。英語で発表された試論のいくつかは、すでに知識人界と芸術界の特性に関する考察を伴っており[23]、一九八六年におこなわれたプリンストンでの「クリスチャン・ガウス批評セミナー」連続講演や、またある点においては、この対話がおこなわれた年に単行本となったハイデガー研究も同様だった。[24]したがって私たちは、彼がのちに『パスカル的省察』、『国家貴族』、『男性支配』、『住宅市場の社会経済学』[25]、

(19) Pierre Bourdieu, *Ce que parler veut dire. L'économie des échanges linguistiques*, Fayard, 1982〔稲賀繁美訳『話すということ――言語的交換のエコノミー』、藤原書店、一九九三年〕. この著書の刊行でブルデューは、一九八二年一〇月二〇日、ジャック・セラール、オーギュスト・ルブルトン、ジョエル・ウッサン、ピエール・ペレを招き「青臭さと未熟を語る」と題された『アポストロフ』への二回目の出演を果たした。

(20) Pierre Bourdieu, *Homo academicus*, Minuit, 1984〔石崎晴己・東松秀雄訳、『ホモ・アカデミクス』、藤原書店、一九九七年〕. この著書と、さらにはコレージュ・ド・フランスの報告書 *Neuf propositions*

pour l'enseignement de l'avenir〔櫻本陽一訳「未来の教育のための提言」、『介入――社会科学と政治行動 1961-2001 I』、藤原書店、二〇一五年、二五九―二六二頁〕によって、ブルデューはジャン＝ピエール・シュヴェーヌマン、アンリ・テズナ・デュ・モンセル、ポール・ギュットとともに「学校から大学へ」と題された『アポストロフ』に招かれ、三度目の出演を果たした。

(21) Pierre Bourdieu, *Choses dites*, Minuit, 1987〔石崎晴己訳『構造と実践――ブルデュー自身によるブルデュー』、藤原書店、一九九一年〕.

(22) Pierre Bourdieu, *Les Règles de l'art. Genèse et structure du champ littéraire*, Seuil, 1992〔石井洋二郎訳『芸術の規則』、全二巻、藤原書店、一九九五―九六年〕.

(23) Pierre Bourdieu, « The Field of Cultural Production, or the Economic World Reversed〔文化生産の界、あるいは反転した経済世界〕», *Poetics*, 1983, vol. 12, n° 4/5, p. 311-356, または « The Historical Genesis of a Pure Aesthetic〔純粋美学の歴史的生成〕», *The Journal of Aesthetics and Art Criticism*, 1987, vol. XLVI, special issue, p. 201-210. この二篇は他の八つのテクストとともに以下の著作に収められている。*The Field of Cultural Production. Essays on Art and Literature*〔文化生産の界――芸術と文学に関する試論〕, Cambridge, Polity Press, 1993.

(24) Pierre Bourdieu, « L'ontologie politique de Martin Heidegger〔ハイデガーの政治的存在論〕», *ARSS*, novembre 1975, n° 5/6, p. 109-156. 書籍としての刊行は以下のとおり。*L'Ontologie politique de Martin Heidegger*, Minuit, 1988〔桑田禮彰訳『ハイデガーの政治的存在論』、藤原書店、二〇〇〇年〕.

(25) Pierre Bourdieu, *La Noblesse d'État. Grandes écoles et esprit de corps*, Minuit, 1989〔立花英裕訳『国家貴族』、全二巻、藤原書店、二〇一二年〕; *Méditations pascaliennes*, Seuil, 1997〔加藤晴久訳『パスカル的省察』、藤原書店、二〇〇九年〕; *La Domination masculine*, Seuil, 1998〔坂本さやか・坂本浩也訳『男性支配』、藤原書店、二〇一七年〕; *Les Structures sociales de l'économie*, Seuil, 2000〔山田鋭夫・渡辺純子訳『住宅市

またレゾン・ダジール社から刊行される、より直接的に政治に関与する一連のテクスト[26]を発表することなど知らないかのように、このブルデューに耳を傾けなくてはならない。

一九八八年時点の歴史学者の立場に関しては、私たちの対話のいくつかの主題を理解するために、三つの事実を想起する必要がある。まず、歴史学は依然として全ての社会科学のなかで最も大衆に開かれ、最も目立つものであったという事実である。これはときにベストセラーとなった巨匠たちの著作のおかげばかりではなく、何巻にも及ぶ大企画が、フランスの出版社を尻込みさせることなく成功を収め、購買者と翻訳にも恵まれたためでもある。フィリップ・アリエスとジョルジュ・デュビィが主導して、一九八五年から一九八七年にかけてスイユ社から刊行された全五巻の『私生活の歴史』がその一例であった。それよりも規模は小さかったが、アンリ＝ジャン・マルタンとともに私が編集の任にあたる幸福な機会を得た『フランス出版史』も、全四巻が一九八二年から一九八六年にかけてプロモディス社から刊行された。

一方でフランスの歴史学者たちは、少なくとも知的側面では支配的だったアナール学派の分析の規範から離れつつあった。すなわち、膨大な原資料を扱うことを好み、それらを数量として取り扱い、種別を構築する手法から離れつつあったのである。イタリアにおけるミクロストリア[*1]の提唱など外部からだけではなく、アナール学派の内部からも疑問が提示されたことで、この明瞭なモデルに亀裂が入り、客観的分類よりも集合的表象を、統計的分布よりも個別の所有を、無自覚的決定よりも意識的戦略を重視する他のアプローチを利することになった。ここから、おそらくブルデューにとってはほぼ無益なものだったが、種別と構造に与えられてきた従来の優位性と、行為者に向けられた新たな関心との間での論争が、もしくは歴史学者が操るカテゴリーと歴史的行為者自身の言語の間の乖離、あるいは共通性についての論争が始まった。

ついに、おずおずとではあったが、歴史学は自問を始めていた。ブルデューが思い描く手法からは大きく隔たっていたが、ポール・ヴェーヌ、ミシェル・ド・セルトー、ポール・リクールらの手法は(27)、歴史学の分野における認識の意志と、必然的に叙述的にならざるをえない書法

場の社会経済学』、藤原書店、二〇〇六年〕.

(26) 一九九六年の *Sur la télévision*〔櫻本陽一訳『メディア批判』、藤原書店、二〇〇〇年〕の刊行とともに設立されたこの出版社から、ピエール・ブルデューはその後一九九八年に *Contre-feux*〔加藤晴久訳『市場独裁主義批判』、藤原書店、二〇〇〇年〕、二〇〇一年に *Contre-feux 2*〔向かい火2〕を出版している。

(27) Paul Veyne, *Comment on écrit l'histoire. Essai d'épistémologie*, Seuil, 1971〔大津真作訳『歴史をどう書くか——歴史認識論についての試論』、法政大学出版局、一九八二年〕; Michel de Certeau, *L'Écriture de l'histoire*, Gallimard, 1975〔佐藤和夫訳『歴史のエクリチュール』、法政大学出版局、一九九六年〕; Paul Ricœur, *Temps et récit* (I-III), Seuil, 1983-1985〔久米博訳『時間と物語』、全三巻、新曜社、一九八七—一九九〇年／新装版二〇〇四年〕.

＊1 明確に定義された小さな範囲を対象とする歴史学の手法。

との間に存在する緊張を明らかにした。同業者の全てではないにせよ、幾人かの歴史学者にとって、連綿と受け継がれてきた確信が揺らぐ別の理由がこうして見出されたのであり、また彼らの分野における科学性の実態と、その反対に、ブルデューがフロベールで示したように、フィクションが持つ認識力の再考を強く促したのである[28]。

したがってこれらの対話は、ブルデューと歴史学や歴史学者との関係における一時期に位置づけられる。彼の批判は辛辣で、分析に用いるカテゴリーを不当に敷衍したことや、大概の場合自然物と見なしている区分や分類の社会的・歴史的構成に関する自問が不十分であるとして歴史学者たちを非難していた。しかし同時にブルデューは、フランス国内、国外を問わず、一定の歴史学者の業績を尊重しており、それらを『社会科学研究紀要』に寛大に迎え入れたり[29]、彼がミニュイ社で監修していた「レ・サンス・コマン」叢書で刊行したりもした[30]。私たちの対話よりも前に、私自身、論文一篇を『社会科学研究紀要』で発表し[31]、読書と文化史に関して彼

(28) モリエールの『ジョルジュ・ダンダン』に関する私の仕事はこうした観点で遂行された。これは対話の中でも言及されており、以下に掲載された。« George Dandin, ou le social en représentation〔ジョルジュ・ダンダン、あるいは表象される社会〕», *Annales. Histoire, sciences sociales*, 1994, p. 407-418.

(29) たとえば、一九八八年以前、外国の歴史家としては美術史家のスヴェトラーナ・アルパース、マイケル・バクサンドール、フランシス・ハスケル、ダリオ・ガンボーニ、エンリコ・カステルヌオー

ヴォ、さらにカルロ・ギンズブルグ、エドワード・トムスン、エリック・ホブズボーム、ロバート・ダーントン、カール・ショースキー、デイヴィッド・サビーンが、フランス人歴史家では、モーリス・アギュロン、クリストフ・シャルル、ドミニック・ジュリア、リュセット・ル・ヴァン＝ルメール、ジェラール・ノワリエルがいた。

（30） Erwin Panofsky, *Architecture gothique et pensée scolastique*, précédé de *L'Abbé Suger à Saint-Denis*, traduction et postface de Pierre Bourdieu, 1967〔*Gothic Architecture and Scholasticism*, Latrobe, Archabbey Press, 1951. 前川道郎訳『ゴシック建築とスコラ学』、平凡社、一九八七年／ちくま学芸文庫、二〇〇一年。ブルデューによる仏訳は、パノフスキーの *L'Abbé Suger à Saint-Denis*（サン＝ドニ修道院長シュジェール）を併録し、ブルデューが後記を付した〕; François Furet et Jacques Ozouf, *Lire et écrire. L'alphabétisation des Français de Calvin à Jules Ferry*〔読むことと書くこと――カルヴァンからジュール・フェリーに至るフランス人の識字〕, Minuit, 1977; François de Dainville, *L'Éducation des Jésuites (XVIe-XVIIIe siècles)*〔イエズス会士の教育（一六―一八世紀）〕, textes réunis et présentés par Marie- Madeleine Compère, Minuit, 1978; Alain Viala, *Naissance de l'écrivain. Sociologie de la littérature à l'âge classique*, Minuit, 1985〔塩川徹也監訳『作家の誕生』、藤原書店、二〇〇五年〕. これらに、歴史学者によるものではないが、分野に与えた決定的な影響はけして劣るものではない二冊の著作を加える必要がある。 Richard Hoggart, *La Culture du pauvre. Étude sur le style de vie des classes populaires en Angleterre*, présentation de Jean-Claude Passeron, Minuit, 1970〔*The Uses of Literacy*, London, Chatto and Windus, 1957. 香内三郎訳『読み書き能力の効用』、晶文社、一九七四年／新装版一九八六年〕; Jack Goody, *La Raison graphique. La domestication de la pensée sauvage*, traduction et présentation de Jean Bazin et Alban Bensa, Minuit, 1978〔*The Domestication of the Savage Mind*, Cambridge University Press, 一九七七．吉田禎吾訳『未開と文明』岩波書店〈岩波現代新書〉、一九八六年〕.

（31） Roger Chartier, « Science sociale et découpage régional. Note sur deux débats (1820-1920)〔社会科学と地方

と二度の対話をおこなっていた[32]。

その都度辛辣さを増す激しい論争と、フランス革命二〇〇年祭にまつわる議論に際して一部の人びとによってはっきりと示された、政治と個人に優位性を認める風潮の回帰、そして国民史の流行によって、ブルデューは歴史学と歴史学者に対するさらに手厳しい批判者となり、それはドイツ人歴史学者ルッツ・ラファエルとの一九九五年の対話で示された[33]。彼の論調はもはや一九八八年と同じではなく、彼の非難から逃れるものはごく少数であり、攻撃は徹底的だった。（少なくともフランスの）歴史学は一括で告発を受けたが、その罪状は、あらゆる批判的反省の拒絶、誤った二項対立への志向、誤った哲学への接近、社会学の古典的業績に関する無知、理論的考察の本来の場である調査を実践することもなく無益な認識論的議論を繰り返したことであった。この批判が正当か不当か、核心をついているか漠然としているか、いずれにせよこの容赦のない判決は、一九八八年の対話が示した、批判的ではあっても友情に満ちた調子とは大きく隔たっている。それゆえに私は、痛手と無理解の一時期によって傷つけられた対話を再び結ぶ貴重な機会を得たことに満足している。その一〇年前と同じく、手厳しいが落ち着いた議論の白熱によって活気づいた「歴史の月曜日」での幾度にもわたるブルデューとの対話は、私にとって鮮やかな記憶として残っている。それは高等師範学校以来の彼の友人であったルイ・マランの記憶が宿る『パスカル的省察』についてのインタビューであり[34]、また『男性支配』に関連して、ときに社会の鉄則を破って予期せぬ出会いの喜びを生み出す、驚くべき神秘を取りあげたアルレット・ファルジュとの対話であった(35)。

本書の五回の対話を支えている陽気さは、それでもなお、彼の分析に対する激しい異議――声の主は彼の敵対者とは限らなかった――を理解しようと努めるブルデュー自身の動揺や、大学界にせよ社会にせよ社会学者自身が参加している社会空間に関して――彼に言わせれば「原

区割――二つの論争に関する覚書（一八二〇―一九二〇）」», *ARSS*, novembre 1980, n° 35, p. 27-36.

(32) Pierre Bourdieu et Roger Chartier, « La lecture: une pratique culturelle », *in Pratiques de la lecture*, sous la direction de Roger Chartier et à l'initiative d'Alain Paire, Rivages, 1985, p. 217-239〔露崎俊和訳「読書――ひとつの文化的実践」、水林章・泉利明・露崎俊和訳『書物から読者へ』所収、みすず書房、一九九二年〕（この対話は一九八二年九月一八日にサン゠マクシマンでの研究会でおこなわれ、フランス・キュルテュールの番組「ディアローグ」で一九八二年一二月七日に放送された）; et Pierre Bourdieu, Roger Chartier et Robert Darnton, « Dialogue à propos de l'histoire culturelle », *ARSS*, septembre 1985, n° 59, p. 86-93〔福井憲彦訳「文化の歴史学をめぐって」、『思想』一九八六年二月号、二五〇―二七一頁〕.

(33) Pierre Bourdieu, « Sur les rapports entre la sociologie et l'histoire en Allemagne et en France. Entretien avec Lutz Raphael〔独仏両国における社会学と歴史学の関係について――ルッツ・ラファエルとの対話〕», *ARSS*, mars 1995, n° 106/107, p. 108-122.

(34)「歴史の月曜日」、一九九七年五月一二日放送回。

(35)「歴史の月曜日」、一九九八年一〇月一九日放送回。

住民として」――仕事をする独特の緊張によって貫かれていることを忘れさせない。安心感をもたらす無知を一掃し、支配と従属を規定するメカニズムをより明快に理解可能とする、しかしその代価は幻滅で支払われる、という学問分野の困難だが不可欠な責務は、彼にとって、ここから始まるのである。「社会学者は耐え難い存在だ」と彼は言うが、それは他者にとってのみではなく、分析対象とする社会に彼もまた身を置いている以上、自分自身にとっても同じように当てはまる。ブルデューの発言には苦しげな「統合失調症患者」(彼自身が用いた言葉である)が見出されるが、これはおそらく社会科学で唯一の、認識を生み出す主体が同時に認識されるべき対象として捉えられるという立場に起因している。

社会学の仕事がもたらす自分自身の分裂を生き、それを積極的に受け入れる難しさはまた、彼が打ち立てる「理性的ユートピア主義」の土台でもある。すなわち、社会における行為者(社会学者も含まれる)を規定している決定要因を明らかにすることだけが、目を欺く外観や偽りの自明性を批判し、規制を和らげ、誰もがその機会を捉えられるわけではないにせよ、全ての人に与えられている「自分自身の考えの主体となる」可能性をもたらすのである。誤った二項対立(例えば個人と社会、意見の一致と衝突、組織の客観性と行為者の主体性といったもの)に陥らない限り、社会学者の仕事は、現実の自然秩序が――そして支配構造が――容赦なく押しつけているように見える事象に対しての自主防衛のメカニズムを提示するのである。

ピエール・ブルデューの脳裏には常に、彼が抱える責任があった。この感情によって、彼の参加《アンガージュマン》が、彼の苦悩が、そして――熱のこもった彼の言葉を再現するこれらの対話に読まれるように――彼が知性に寄せる信頼が説明される。現状の世界の不可抗力と絶望感を弱めることは知性にのみ可能だからである。

二〇〇九年一一月二四日　パリにて

ロジェ・シャルチエ

■以下のテクストは一九八七年一二月七日と八日に録音され、一九八八年二月一日から五日にフランス・キュルテュールで放送された「生の声で」の五回の番組に基づく。アシスタント・ディレクターはマリ＝アンドレ・アルミノ・デュ・シャトレであった。二〇〇二年一月二三日のピエール・ブルデュー没後、この番組は一月二八日から二月一日に同局で再放送された。

第1回　社会学者のメチエ

社会学とはなにか

ロジェ・シャルチエ　社会学者でいるというのは生易しいことではなさそうですね。あなたの仕事の受け取られ方を見ると、膨大な反論が書かれたり考えつかれたりしている事実に驚かされます。その理由は、結局のところ二者択一になります。社会学は群衆を駆り立てるためにあるのか、それとも労働者の希望を打ち砕くためにあるのか[*2]？　意味を把握できないほど複雑

＊2　「労働者の希望を打ち砕く」と訳した部分の原語は「ビヤンクールを幻滅させる」。一九五〇年代

で難解な文章が、なぜ同時に非常に明快な、ある人々の通念を根底から覆すメッセージとなりうるのか？　社会学は、——ときどきそんな印象を受けるのですが——支配的な学問分野だと、諸学問を扱う学問だと主張できるのか。その一方であなたはあらゆる文章で、分野としての社会学を解体しているわけです。根本に関わる問題ですから、こうした矛盾から最初の対話をはじめることにしましょう。つまり、社会学とはなんでしょうか？　社会学者でいるとはどういうことでしょうか？　社会学と、たとえば私の分野である歴史学のような、この変幻自在の怪物に直面して少し不安を感じている他分野との関係をどう考えるべきでしょうか？

ピエール・ブルデュー　社会学が人々をかき乱し、居心地を悪くしていると私も思います。ひとりの社会学者として、包囲されているように感じてもいいのでしょうが、攻撃する人々のあいだにも論争があるおかげでそれが和らいでいます。特に社会学を標的にした政治的なタイプの非難は、少なくとも異論を唱えているということ自体がメリットになっています。そのおかげで生きていけるのですから。とはいえ、社会学がいつも簡単な仕事でない、というのは本当です。

シャルチエ　そのようですね。社会を考察しようという努力が、そうしている当の本人を、まさにいま叙述している界《シャン》のなかに組み入れてしまう分野だという印象を受けています。そうした意味で簡単な仕事ではありませんね。社会学が他の人々に、しばしば耐えがたいような自己のイメージを反射して見せるというだけではなく、社会学はそれを生み出している人自身も分析それ自体の中に含むのですから。

ブルデュー　ええ、そうした状況を経験しました。たとえば、社会学者でない人たち、専門家でない人たちに社会学のことを話すとき、選択可能なふたつの戦略のあいだで私はいつも迷います。最初の戦略は、社会学を歴史学や哲学のような、アカデミックな分野として示すことです。この場合には、返ってくるのはまさしくアカデミックな反応です。もう一方の戦略は、社会学独特の効果をもたらそうとすることです。つまり、聴衆を自己分析する立場に置くのです。この場合には、私が聴衆のスケープゴートにならざるをえないとわかっています。例えばこんなことがありました。二年前、ある協会――ブリュッセル・フィルハーモニー友の会という――の責任者に招かれて、ブリュッセル・フィルハーモニーを訪れたときのことです[36]。その

に起源を持つ成句であり、ビヤンクールのルノー工場で労働運動をする労働者たちに、彼らが理想とするソヴィエトの真実を伝えて幻想を打ち砕く、という意味。

(36) このブリュッセルでの講演の日時とテーマは判明していない。以下の対話のテーマを反復したのではないか。« Bourdieu attaque. Deux doigts de Ravel. Entretien avec Cyril Huvé », *Le Monde de la musique*, 6 décembre 1978, p. 30-31 (repris *in Questions de sociologie*, *op. cit.*, p. 155-160)〔佐藤康行訳「音楽愛好家という種の起源と進化」、『社会学の諸問題』一九七一―二〇五頁〕.

人は、非常に親切に、ただ少し無邪気に、芸術、社会学、音楽といったものについての私の観点と意見を話しに来てほしいと私に依頼したのです。間際になるまで、――よく覚えています――夜になって私たちが出発した車の中でも、私は彼にこう言っていました。「あなたはおわかりになっていません、あなたは私におぞましいことをさせようとしていて、大変な事件になります。騒動が起こるでしょうし、私は罵られるでしょう」と。彼は、講演者によくあるように私が緊張しているのだと思っていました。そして私の危惧は現実になりました。正真正銘のハプニングとなって、一週間の間、ブリュッセルの知識人界はその話だけで持ち切りだったのです。私の友人が聞いたところでは、出席者のひとりは、これほど大騒ぎになった異常な論争はシュルレアリスムの芸術家たち以来、今度の出来事までなかった、と言ったそうです。しかし、私は物事をまったく無害に、婉曲的に、中立の立場から話したのです。私は細心の注意を払いました。私は聴衆のなかで、上品に着飾って膝の上にハンドバッグを置いていた、コレージュ・ド・フランスにいるような雰囲気の、ひとりの老婦人に照準をあわせたのです。一瞬たりともショックを与えたりしないように精一杯気にかけました。つまり、最大限に婉曲的に話したのです。それにもかかわらず、社会学的な「真実」は――この「真実」にはかぎかっこを付けておきます――暴力を振るい、傷つけるのです。それは人を苦しませ、同時に、人々はあきらかにその原因である人物にその暴力を再び向けることで、この苦しみから解放されます。

シャルチエ　それはおそらく、死者を語る歴史学や、扱われる主題が、ごく稀にしか、また例外的な状況でしか、自分たちを語る言説と出会うことのない民族学や人類学との相違でしょうね。

ブルデュー　そうです。これもまた一例を挙げてお答えしましょう。私にとってちょっと面白い逸話です。学士院の優れたメンバーでもあるコレージュ・ド・フランスでの同僚が、私の仕事が何人かの学士院会員たちに反感を持たれている、かなりの反感と言ってもいい、と教えてくれました。私の仕事のうち、いちばん衝撃を与えたのが、私がだいぶ皮肉をこめて「教師的悟性の分類」[*3]と名付けた論文でした——余談になりますが、ごく頻繁に私が笑いながら書いた文章があります。残念ながら笑いを示す符号はありませんね、記号体系の大きな欠陥です——それで、「教師的悟性の分類」とタイトルをつけて、私はこの論文のなかで、一方ではフェヌロン校のカーニュ〔高等師範学校文科受験準備学級〕の教授が生徒たちの作文に与えた評価を分析し、もう一方では高等師範学校出身者の追悼記事を分析したのです。先述した優秀な同僚は、エジプト学者なのですが、私にこう言ったのです。「まったく、追悼記事を対象にするなんて」

＊3　Pierre Bourdieu et Monique de Saint-Martin, « Les catégories de l'entendement professoral〔教師的悟性の分類〕», *Actes de la recherche en sciences sociales (ARSS)*, mai 1975, n° 3, pp. 68-93.

と。私は彼に言いました。「でも、あなたがそんなことを言える筋合いですか？　あなたの研究対象が追悼記事でなければなんなのですか？」、と。この出来事は、社会学と歴史学の隔たりを非常に強く感じさせると思います。多くの物事が、歴史学者には当然のものとして与えられていますし、偉業とさえ見なされます。例えば、ある歴史学者が、歴史上の人物同士の隠された関係性——結びつきと呼んでもいいでしょう——を見いだしたら、それは賞賛を受けて、発見と見なされるでしょう。しかし例えば、大学界——アカデミックな界《シャン》——の機能を理解させるために必要なことの一〇分の一でも私が公表したら、私は凶悪な密告者と見なされるでしょう。それに、誰もが知るように、時代の隔たりには中和作用があると思います。しかし、社会学の場合は常に、熱い地面の上に立ち、私たちが扱う物事も生きています。それらは死んでもいませんし、埋葬されてもいません。

「科学」としての社会学

シャルチエ　だからこそ私たちは、この第一回の対話で知的作業の持つ政治的効果を中心に据えようと考えました。そして社会学に例をとって、フランスの知識人界における知識人像がどのように変遷したかを示したいと思っています。大まかに言って、社会を巨視的なレベルで捉える預言者、救世主《メシア》、告発者といった人物像で出発し——おそらくサルトルが、それも戦後のサルトルがこの種の言説を代表するでしょう——、他の仕事へと向かいます。実に見事だと私が思っているフーコーの言い回しがあります。彼は自分自身の仕事とは、つまるところ、自明と思われていること、一般的真理と思われていることの表皮を剝ぎ落とすものだ、と言っているのです。彼とあなたの仕事の近接性はここにあるように思います。あなたが使ってもよかったような言い回しではありませんか？

ブルデュー　まったくその通りです。完全に同意できる点ですね。とりわけサルトルによって具現化された、預言者の役割を担った知識人、「総合知」の大物と私が呼ぶものとの決別です。マックス・ヴェーバーは、生とはなにか、死とはなにかといった総合的な疑問に総合的に答える者が預言者である、と言っています。哲学者は、サルトル的な体現においては、その語の厳密な意味において預言者のような存在です。つまり存在や生命、政治といったものに関する問題に包括的に答える者です。私たちの世代は、ある意味でこの全体的な役目にぐったり疲れてしまい、サルトルの代理をしようなどとは考えもしません。マルローの言葉を借りれば、絶対の貨幣〔マルローの美術論の書名〕を与えるようなことはしたくありません。つまりすべてに答えることはもうできないのです。部分的な疑問に、しかし考え抜かれて部分化された疑問に答えること、ただし完全に、知識の及ぶ限りのものを用いてできるだけ完全に答えなければなりません。知的な企てを最小化するというこの再定義は非常に重要なことだと私は思います。科学的にも政治的にも微に入り細を穿つという意味で、ひとつの進歩なのですから。

フーコーとの関連で付け加えれば、「参加している《アンガジェ》」とまでは全然言えませんが、私は科学についてかなり積極的な考えを持っています。つまり、社会科学とは、知らず知らずに、また望まずとも、この上なく重要な数々の問題に答えるものだと考えています。いずれにせよ、社会科学はそうした問題を、一般社会よりも上手に取り上げますし、そうする義務があります。それらの問題をジャーナリズムが取り上げるよりも上手に、エッセイストたちが取り上げるよりも上手に、疑似科学が取り上げるよりも上手に、ということです。

シャルチエ　科学の概念を持ち出すのは、少し危険な領域に踏み出すことになりませんか？　あなたの見解が「新型ジダーノフ主義[37]」と言われているのをどこかで目にしました。「科学的」かつ「制度的」に科学と非科学とを区別するという悪癖に再び陥ることなく――この区別はなにかしらの権威が押し付けるものだったわけですから――科学の意味するところの定義を確立することはできるでしょうか？

ブルデュー　ええ、まさにそうです。私はこれこそが私自身と――少なくとも私がしようとしていることと――、多くの同時代人との間に横たわる大きな誤解のひとつだと思います。多少なりとも、まさしくジダーノフ主義の時代に知的・政治的生活に目覚めた同時代の多くの人々は当時ジダーノフ主義者でしたが、一方で私は反ジダーノフ主義者でした。これは大きな断絶だと思います。そして彼らは社会学の成果を、スターリン主義の時代に科学の名のもとでなされたものと同じように見ています。とりわけ、私自身は科学とイデオロギーの切断をけっして認めず、根本から否定しているのですが、この断絶を妄信的に主張したのが科学者や研究者ではなく、まさしく哲学者だったというのは偶然ではありません。この断絶は、宗教的、預言的言説のなかに見られるものとまったく同じ働きをしていたのです。それは聖と俗とを分別します。言い換えれば聖職者と俗人、一人の「聖なる」預言者と一般信徒を分け隔てます。私にとってはまったく忌むべきものです。たとえ科学の知識においてまったくの駆け出し、初期段階、揺籃期にあったとしても、私たちは科学について話す権利があるのです。それにもかかわらず、歴史学者、民俗学者、社会学者、それに経済学者が成し遂げる科学的成果と、たとえば哲学者がすることとは、本質的に区別されます。私たちのほうは、検証可能、反証可能な仕事をしているのです。

(37) 一九四〇年代におけるソヴィエトの指導者のひとりアンドレイ・ジダーノフ(一八九六―一九四八)に由来する「ジダーノフ主義」とは、芸術と科学をスターリン時代の共産党のイデオロギー的・政治的目的に利用する主義を指す。特に科学的知識は階級間闘争に貫かれているという見解を内包し、「プロレタリア科学」(進歩主義)と「ブルジョワ科学」(反動主義)を対置させた。

ラジオでのある経験を引き合いに出しましょう。ある日私は、雇用者に関する本[38]を書いたレヴィ＝ルボワイエと議論をしに来ていました。放送中のことだったかどうか覚えていませんが、彼は私のところにやって来てこう言ったのです。「あなたの研究を拝読しました。あなたが出した数字から、自分でもう一度統計をとったのですが、どうも一致しませんでした」と。ですからこう言いました。「そんなことがありえますかね？　どうやったんですか？　ああ、私は出資者を統計から除外していましたね」。それで彼にこう言いました。「なるほど、これが私たちの不一致の原因です」と。それから私たちは調査対象の構成について議論しました。出資者を考慮せずに雇用者の問題を考察することははたして可能か、ということについてです。これは科学的議論の問題であって、つまり、彼は彼なりの統計をやり直すことができましたし、私と同様の調査結果も得ることができたということです。これが、私にとっては、科学について話をするために必要なことだと思います。私が「科学」と言うときは、人々が私に対して科学的根拠をもとに反論できるということなのです。ですが、いまのところ、これはまだ道半ばです。

私にとって大事なことなのでこの機会に言っておきます。いままで私は攻撃にさらされてきましたが、厳密な意味で、反論されたことは一度もありません。これこそ私が感じる悲しみの理由のひとつといっていいでしょう。つまり、私にはフランスの知識人界に山ほど敵がいますが、反論のために必要な仕事を成し遂げるようなライバルはひとりもいないのです。こういう場合、「それはあなたの仕事に反論の余地がないからですよ」と言われるものです。そんなことはまったくありません。ですが私に反論するには、朝早く起きて仕事をしなければならないのです。少し傲慢な物言いになりますが……

自動作用《オートマティスム》を破壊する

シャルチエ　そんなことはありません、私たちは仕事を渋りはしませんよ。話を最初に戻せば、あなたの仕事のなかには、フーコー風に言えば、確信の表皮を剥ぎ落とそうとする意志があるように思えます。『社会学の諸問題』のなかに、こんな一節がありました。「言葉と精神の自動作用《オートマティスム》を破壊する」[*4]、つまり、社会において当然と見なされている事柄をあらためて問題として取り上げる、ということです。「ほかのやり方はありえない」「ずっとそうだった」といっ

(38) Maurice Lévy-Leboyer (dir.), *Le Patronat de la seconde industrialisation*〔第二次産業革命の雇用者〕, « Cahiers du Mouvement social », n° 4, Éditions ouvrières, 1979.

＊4　この表現は『社会学の諸問題』に収載された一九七七年の講演「話すということ」に見られる〔『社会学の社会学』、一四〇頁〕。

た、本質的に明白な様態について表明されるあらゆる言い訳です。あなたの研究の最も鋭い行為のひとつは、まさにこの当たり前こそ、争点と力の関係から、常に構築されたものであることを示す点だと思います。こうした視点のために、特に、社会学者以外の、歴史学者やその他の人々が、賛同や非難、疎遠や敬意が同時に存在する関係のなかで、あなたの仕事を正当に利用することができるのです。これこそが、今回の対話の意義だとさえ思っています。確信の表皮を剝いでいくこの行為をあなたが突き詰めた地点のひとつが、社会的に構築されているにもかかわらず自然なことと思われていた境界、分割、切断に疑問を呈する行為です。この視野をもって、あなたは一派を成したと言えるでしょう。なぜなら歴史家たちもまた、自明なものとみなされてきたさまざまなカテゴリーといまや向き合っているのですから。例を挙げましょう。若者と老人のあいだの断絶は、自然に属したものだと信じられています。生物学的に言って、若い人々と年をとった人々がいるのは確かです。同じことが地域間の境界にも言えます。その場所を境に南仏にいる、北仏にいると言えるような行政上、あるいは管轄上の境があります。社会におけるグループもそうです。客観的カテゴリーはＩＮＳＥＥ〔国立統計経済研究所。国勢調査の実施等に携わる〕やその他の機関に作られて、中流層がある、雇用者、労働者、そのほかの階級があるといった分類を作り出しています。あなたにとっては、まさにこうした「客観的」区分こそ、それを作り上げた歴史のダイナミズムのなかで理解しなければならない事柄ですね。

どうしてこのような分割がなされ、他のものではないのか、そして何に、もしくは誰に役立っているのかを常に自問しなければいけません。

ブルデュー　ええ、いまあなたが言ったことに完全に賛成します。私の仕事の貢献のひとつは、科学そのものに、科学的な視点を取り戻したことだったと思います——それなのに独断的だの不寛容だのと言われると非常に驚いてしまうのですが。一例を挙げれば、専門的な分類をなんのためらいも熟慮もなく使うのではなく、分析の対象にすることです。たとえば、歴史学者たちが——わが国には世界で最もすぐれた歴史学があると思います、これはお世辞ではありません——しばしば分類の使用に途方もなく無頓着だというのはパラドックスです。たとえば——この例は私の空想ですが——、一八世紀から現在までの医師の地位を比較する長期の統計調査があるとすれば、医師という概念そのものが歴史的に構築され、変化しつづけてきたことを問わずには成立しません。分類によって歴史的対象が作り上げられるのですから、こうした分類も歴史的分析の対象とならなければなりません。

私たちが現実を話すときに用いる用語にも同じことが言えます。たとえば「政治」は、完全に歴史の中でつくりあげられた概念であり、つい最近つくられたものです。私が政治界と呼ぶ世界は、実際に一九世紀に生み出されました。議論を続けましょう——手ごわい歴史学者に面と向かっていますから、あまり危険を冒したくはありませんが。歴史を考察するときに用いるこれらの観念、語、概念は、すべて歴史的に構築されたものです。そして不思議なことに、この時代錯誤にもっともよく陥っているのは、間違いなく歴史学者たちです。現代的であろうとするためか、仕事を他人の興味を引くようにするためか、それとも単なる無頓着によってか、彼らは、現在使われている用語を、その語が通用していない、あるいはまったく別の意味をもっている現実を語るために用いるでしょう。こういう例があるわけです。私は、この反省はきわめて重要であると思います。

シャルチエ　通時的変化、つまり長期持続に関してあなたがいま言ったことは、現代の社会についても言えるでしょう。異なった集団、異なった階層で同じ用語が使われていますが、同じ意味ではありません。こうした呼称の落とし穴は、普遍的で変化しないと思って分類を用いた結果、対象の歴史的な構築と変化が覆い隠されてしまうことにあります。

もう一度政治を例にとりましょう。政治的とはなにかという定義自体が、なぜ世間でもっとも共有されていない事柄なのか。このことを示すのは大事だと思います。あなたと統計学者や専門調査員を対立させた点のひとつです。日がな一日質問を浴びせるこうした調査に対して、あなたは無回答もまた意味を持つこと、また同じ回答であっても異なる社会の階層から出ていた場合はまったく相容れない意味を持つことを明らかにして、その妥当性に疑問を投げかけました。

ブルデュー　そうです。歴史学者が犯すこの種のアナクロニズムは、社会学者においては階層の自集団中心主義〔自己の属する社会集団を特権視し、これを基準に他の社会集団を評価する傾向〕のかたちをとります。つまり、特殊な状況を一般化しようとするのです。男性／女性、熱い／冷たい、乾いている／湿っている、高い／低い、支配階層／被支配階層など、私自身の思考のカテゴリー、分類のシステム、分類学、区分を用いて、私はこれらを一般化します。ある状況ではこれはアナクロニズムを、またあるときには自集団中心主義を生みます。いずれのケースも、自分が用いる問いかけのシステムを問おうとしないことで起こるのです。

私の論文「教師的悟性の分類」に話を戻します。実際、もし私に理論モデルがあるとすれば、現実を思考するときに思考の道具に反省的な批判を加えるカントのモデルでしょう。私の考えでは「教師的悟性の分類」は、その完全な例証です。そこで私は、教授たちが学生の仕事、また物故した同僚の仕事を評価する場合——そもそもこれらは同一の物事なのですが——に用いる対立の分類を試みました。この認識の分類は、彼らが一冊の本を評価する際にも用いられます。こうした分類を私が分析した本を読むときにも、彼らは無意識にこれらの分類を用いるはずです。例えば、こんなことを言うでしょう。社会学を読もうとするとき障害になるのは、社会学は通俗であるということだ、と。私は「平民哲学」〔philosophia plebeia〕という古いキケロの用語を用いることにします。人々について語るから社会学は通俗だというわけではなく、それが科学のヒエラルキーの最下層にあるから通俗なのです。社会学はまた、他のどんな分野よりも人々について語ります。この問題にはあとでまた戻りましょう。しかし、これらの非常に内在化した思考の分類は、学校教育のシステムにおける分野のヒエラルキーと結びついています。そこでは数学のような純理論的な分野が、化学、いわんや地理学といった純粋に理論的ではない分野よりも「上」とされます。ですから哲学も地理学より「上」というわけです。

シャルチエ　歴史学は両者の中間ですね。

ブルデュー　そう、歴史学はその中間にあります。こうした対立は過度に構造化され、著作の選択を定義しさえします。つまり、出版されるもの、人々が書くところのものです。野心的であればあるほど、つまり、より高い社会階層に属しているほど、そしてより学校教育からの公認の度合いが高いほど、より広範で、世界的で、普遍的で、理論的で……といった主題を選ぶのです。知識人が客体化しなければならないはずのこうした物事が、現実には知識人の思考を操っています。こうした事実を白日の下にさらす人間は、邪魔者扱いされます。他人を困らせるためではなく、自らを律するためにしたのであってもです。当然の帰結でしょう。

書くことの困難

シャルチエ　文章の書き方も極度に緊張し、極度に複雑なものになりますから、その人自身もかき乱されることでしょう。あなたの話を起点に歴史学者として考えた場合、不変の要素であり続ける用語と、年代的であったり社会的であったり、極めて様々な方法で構築される概念とのあいだの緊張について、なにができるでしょう？　とりうる選択肢はいくつかあるにせよ、どれも完全に満足できるものだとは思えません。ひとつは行為者自身の言葉を繰り返すことで、フランスの歴史学派の一部は、彼らが歴史を構築しようとする時代や人々が使っていた用語で歴史を書こうとしてきました。別のひとつは翻訳すること、ある時代から別の時代へと全てを置き換えることです。ポール・ヴェーヌは、古代ローマの社会を理解させようとして、当時と現在社会を隔てている根本的な違いを示すために、あらゆるものを翻訳します。力づくの、不思議な熟知をもたらすことにより、両者の相違を示すことが可能となるのです。また、特別な歴史的状況下の、ある瞬間に生まれた概念を、先行する時代の現実に当てはめるということもあります。概念の実効性を確かめるためでもありますが、古い時代の現実をより明確に示すためでもあります。

ひとつ例をとりましょう。デュビィと、その死が惜しまれるアリエスとが中心となって『私生活の歴史』[*5]が刊行されました。「私生活」という概念が、中世や一六世紀の概念として捉えられないことは明らかです。この概念の定義は、例えばローマ法にあるようなずっと古いものであるか、もしくは家庭内の感性に焦点を合わせた一九世紀の縮小した私生活を指す、英米で言う「プライヴァシー」と同様に、はるか後世のものです。歴史学者はそれでもこの立場を取り、多くの場合においてアナクロニックなこの概念を、非常に長い歴史上の期間に対して適用することを引き受けました。歴史的現実を新たな手法で認識させる実験であると同時に、この概念を試し、妥当性の限界を示す試みでもありました。いずれにせよ選択は極めて困難ですし、現代社会に関する仕事をしている社会学者にとっても、同様なのではないでしょうか。あなたや他の社会学者たちの書き方に見られる緊張と複雑さは、しばしば難解とさえ言えますが、こうした困難が原因であるように私には思えます。歴史上のある瞬間から継承したことで安定しているように見える語彙が、その内部に抱えている変化の幅を、どう説明したらいいでしょうか。

ブルデュー　いまあなたが歴史学者として言った内容のすべてに、私は社会学者として同意します。より強力な理由で《ア・フォルティオリ》とさえ言えます。なぜなら、人々はよく、過去と現在との対置に回帰してしまうのですから。現在とは、時間の上での現在ではなく、いまもなお争点となりうるほど十分に生きているもののことです。今で言うなら、たとえばフランス革命は非常に現在的でありえます。ですが私たちは、生きているもののなかに存在しており、私たちが語る物事は、常に争点となります。つまり私たちが語る対象とする物事を語るときに使っている、その用語自体が争点であり、それらは政治的な行為者により、異なった意味で使われるのです。たとえば、政治闘争の原理のひとつは、共通の用語をめぐる闘争です。「誰が共和主義者か?」といったような。誰もが共和主義者です。選挙期間中には、共和主義者の規律だとか、共和主義者の団結などと言い出すでしょう。誰もが中道です……一言で言えば、闘争のなかで価値を持つことを人々が知っている用語が存在し、そのために争点になっているのです。こうした闘争を語る際に、そして私が「界《シャン》」と呼ぶ——それぞれ違う競技がおこなわれている小さな闘技場のようなものです。学問界、政治界、歴史学者界、社会学者界、その他諸々——これらの世界のひとつひとつに、人々が奪い合うキータームが存在することでしょう。

この総体をどう叙述するか? もちろん、ひとつの武器が存在します。引用符です。バシュラールは自然科学について「科学とは、引用符だ」[*6]と喝破しましたが、これは社会科学におい

＊5 *Histoire de la vie privée*〔私生活の歴史〕, 5 vol., sous la dir. de Philippe Ariès et Georges Duby, Paris: Seuil, 1985-1987.

＊6 ガストン・バシュラールによる一九五三年の著作『合理的唯物論』〔未訳〕に同種の言及がある。

てはより強力な理由《ア・フォルティオリ》で真実です。私は同じことを言っても、語っているのは私自身ではなく、対象化の距離をとっていることを感じさせながら言います。ここで私が語ることに誤解が生まれます。例えば私がこう言います、「被支配階層はダリダ〔女性歌手〕を好む」、と――いい例ではないですね、もっといい例が望ましいのですが。とにかく私がそう言うと、私がそう考えているのだと思われます。社会学者は、ある価値判断を事実として記録するのが仕事です。例えば、文化について言えば、他よりも正当だと考えられている文化的な作品の一群が存在することを事実として記録して、実際にそれらが私の好む作品だということもあります。ですが、だからといって私が価値判断を下すわけではありません。私が言いたいのは、例えば、学校市場〔学校での評価をめぐって成立する市場を示すブルデューの用語〕でダリダへの賞賛を書いてもなにも得られないでしょう。ですがヨハン・セバスチャン・バッハのつまらない賞賛であれば及第点がもらえます。これが社会的事実です。ここが非常に誤解されています。引用符と緊密に結びついた距離感の問題のひとつです。それから書き方の問題も悩みの種で、私が困ってしまうこともしばしばです。私が正統な教養のようなものを押し付けている、と人々は考えるのです……

まだ少し時間があれば、私が言いたいことは、社会学者が自らの仕事や自らの書き方と結ぶ関係は、私の知識が及ぶ限りにおいて、統合失調症の病状の記録とぴったり一致します。なにか言わなければいけないこと、実行しなければいけないことがある。しかし、それを言ったり、実行したりした途端、自分がしたことをしなかった、言ったことを言わなかったと言い、その次には、したと言ったばかりのことをやはりしなかったと言ったりするのです。別の言い方をすれば、言語を不可能なものとしてしまうような一連の言説が存在します。それゆえ、例えば、私がしたことの一部分は、マルクス主義のもっともばかげたスローガン「支配的な文化は支配階級の文化である」に要約できてしまうほどです。実際、私の仕事の総体は、このフレーズが言っていることと言っていないことの両方に対抗して構成されていると言えますが、同時に、私の仕事の総体はこのフレーズを無効化しません。なぜなら、大まかなところでは、このフレーズが言うことは真実でありつづけ、しかしあまりに大まかすぎるために間違いであるからです。「イデオロギー」の概念にも同じ分析ができるでしょう。イデオロギーの概念は、明らかに闘争の道具です。誰かの科学はイデオロギーである、誰かの思想はイデオロギーである云々、というわけです。同時に、イデオロギーが存在すると明言することができれば、つまり自分の立場を正当化するための努力から生み出された言説が存在すると明言することができれば、それは大きな科学的成果となりました。それはさておき、私の仕事の九〇%はイデオロギーに関するこうした概念に対抗して構築されたものです。象徴暴力、象徴支配、誤解などを語るために重ねた仕事、入り組んだ専門語で叙述されることになる多くの事柄を紹介するために重ねた仕事のすべては、本来の戦闘的なマルクス主義としばしば結びついている、ある獲得知識との断絶を保ち続けるために必要だったのです。ですから、保持しながら同時に破壊する必要があり、言葉遣いと文章の構成の両者に見られる著しい困難はここに由来しています。つまり、「いま読んでいるものに用心しなさい」と言い続けるメタ言説を伴った言説です。そして残念なことに、私は同時代人から、期待していた読み方をしてもらえなかったのです。あるにはありましたが、新聞雑誌にものを書くような人たちからでは全然ありませんでした。

第2回　幻想と認識

知識人の役割

シャルチエ　「必然性の認識が進歩すれば、自由の可能性が進歩する」[*7]。『社会学の諸問題』のこの一節から二回目の対話を始めることができそうです。あなたの仕事が示す、知識人に割り振られてきた古典的な役割とのもうひとつの断絶について話しましょう。長い間、知識人の役割とは、支配されている人々が自分の置かれた状況について述べるべき言説、つまり彼ら自

＊7『社会学の諸問題』収載の「問題の社会学者」に見られる（『社会学の社会学』、五七頁）。

身では構築できず、他人が彼らのために作り上げた言説を彼らに押し付けることだったと言えそうです。あなたが抱いている視野は、社会学以外の分野における思考を誘発する自己発見的な力を備えたもので、そこでの企図はまったく別物に見えます。なぜなら、その企図とは自然の区分、普遍的区分、あるいは父祖伝来の区分として機能している支配のメカニズムを明らかにするための道具を与えることだからです。個人が自分の手で所有物を取り戻すように促す企図です。これは、どうにもしようのない、有無を言わせず個人を押しつぶす隷属状態を明らかにするという、あなたの仕事に対するステレオタイプなイメージとはかなり相反するものですね。

ブルデュー　いまの話に手短に答えるならこうなるでしょう。私たちは決定されたものとして生まれますが、自由に生を終えるチャンスが少しだけあります。私たちは思考の埒外に生まれますが、主体になるチャンスがほんの少しだけあります。自由、主体、個人といったものを無分別に引き合いに出す連中を私が非難する理由は、社会的要因を、自由という幻想のなかに閉じ込めてしまっている点です。この幻想は決定論に通じます。そして、――これは社会学におけるパラドックスで、おそらく私の仕事が知識人たちを苛立たせる理由のひとつですが――あらゆる社会の階層のなかで自由の幻想に最ものめり込んでいるのは知識人層です。この意味で、例えばサルトルは――彼にどんな長所が認められるにせよ――、知識人にとっての理論家であり、つまりマンハイムが言ったような「自由で根を持たない[*8]」知識人という幻想、自己責任の幻想、知識人は自分だけの真実を操ることができるという幻想を吹き込んだのです。私が思うに、ある種の人々が社会学に「哲学への嫌悪」があるなどと言って執拗に社会学を拒絶する理由は、表面的な決定論に束縛された知識人の姿を認めたがらないからです。つまり、思想のカテゴリーや精神構造、学問世界での帰属や加入に執着する人々は、なんらかの政党に加入している人々よりもはるかに事実を捻じ曲げます。大学人たちは、政治的な利益以上に、学界内部の利益によって突き動かされていると私は思っています。別の言葉で言えば、思考の道具と、思考の対象を自分のものにすることで、どうにか少しばかり自分自身の思考の主体となれるのだと私は考えます。人は自らの思考の主体として生まれるわけではありません。主体となるのです。とりわけ、——精神分析など他の道具もあるとは思いますが——決定論の認識をあらためて自分のものにすることによってです。この場合、私がしていることは、まさに、人が思っているのとは正反対のことでしょう。

シャルチエ　なるほど、しかし、それではこんなおそろしいパラドックスに至るのではない

＊8『イデオロギーとユートピア』等で展開されるカール・マンハイムの知識人論で用いられる概念「自由浮動的知識人」を指す。

ですか。つまりあなたは、あなたの文章を読解できない人々のために書いている、そしてあなたを理解したくない人々によって読まれている、ということにはなりませんか？

ブルデュー　そうです。彼らは私の言うことを理解できません、なぜなら理解したくないからです。先ほど引き合いに出したのは、ドゥギーが書いた、私が感動をおぼえた「哲学への嫌悪」[39]です。この文章は教養が引き起こしかねない、また社会分析という意味での分析が引き起こしかねない苦しみに関する、驚くべき資料です。あらゆる教養人に取り付いている教養との関連についての分析です。ドゥギーの言う苦しみは私もよく知っています。もし『ディスタンクシオン』を、ばかばかしく単純化するのではなく、最後まで読んでもらえれば、私がプルーストを参照しているあとがきのなかで、教養との関係がもたらす特有の喜びと、教養への幻滅が引き起こす特有の苦痛に言及しているのがわかるでしょう。プルーストは、見事な社会学者であり、私より前に彼なりの言い方で——つまり誰もそれを理解しなかったということですが——『ディスタンクシオン』が語ることを語っていたのです。

「ドクソゾーフ」たち

シャルチエ　なぜ、一九七九年の『ディスタンクシオン』刊行以降、あなたの仕事が拒絶されたり、いくつかのスローガンに単純化されるという構造ができたのでしょう？　それまでの学校システムについての仕事は、支持や批判を受けることはあっても、同じような反応を引き起こすことはありませんでした。「再生産」のような基本的概念について異議を唱えたり、論証を曲解したりということはあったにせよ、暴力的な告発はありませんでした。むしろ逆に、それらの成果は教育に関する歴史社会学の基盤となり、現代の学校システムとは異なる様態で形成された場を扱う際に、歴史家が試すべき手段や方法を提示しました。なぜ『ディスタンクシオン』はこれほど暴力的な議論を引き起こしたのでしょう？　いや、「議論」の語は適切ではありません。本当の意味での議論ではなく、むしろ糾弾だったわけですから。

ブルデュー　教養は、われわれの社会における神聖不可侵の地のひとつなのでしょう。教養を崇める宗教は、知識人層を含むいくつかの社会階層にとって、最も深い信条と最も深い参加の場となっています。例を挙げれば、教養でへまをしでかした恥辱は、もはや罪悪に匹敵します。宗教との類似はまだまだ続けられそうです。それに、現在では私が司教について書いたような宗教の社会学的分析は[*9]、もはや誰も、当の司教たちさえも傷つけることはありません――

（39）Michel Deguy, *Choses de la poésie et affaire culturelle*〔詩の現況と文化問題〕, Hachette, 1986.

＊9　シャルチエの「まえがき」でも言及されている注（17）の論文を指す。

私の生徒のなかには、私が司教について書いたことを自分で書けたはずの、あるいは書くべきであった、卓越した司教たちもいたのですから。それなのに教養の社会学のほうは途方もない抵抗にぶつかります。宗教に対しておこなわれる客観化の作業を考えてみましょう。現在では誰もが、ある人が家庭で獲得する宗教と、信仰する宗教とのあいだに相関関係があることを知っており、そこに疑いを差し挟む人はいません。宗教的信条が父から子へと継承され、この継承が途切れれば、宗教は消えるのです。これらは誰もが同意する事柄です。ですが、同じことを教養について言うと、教養人から、教養の魅力が拠って立つもののひとつ、すなわち生得性という幻想、カリスマ的幻想を奪い取ることになります。それを自分で獲得しただとか、生まれつきのものだなどというのは奇跡の類いです。これらすべてが、抵抗の力強さを説明します。まったく驚くべきことです。

結局のところ、私が確信しているのは、社会学とは哲学を別の手段で延長するひとつの方法だということです。私が社会学に輝かしい系譜を与えようとするなら、実はソクラテスこそ最初の社会学者であった、と言うでしょう。哲学者たちはこの開祖を取り返そうと怒ることでしょうが、実際、この人物は市中に降りていって質問を投げかける人物、アテネの将軍に勇気とはなにかと訊ねる人物[*10]、またエウテュプロンという敬虔な男に信仰心とはなにかと質問する人物[*11]なのです。彼はある意味でアンケートをしたのです。そして、あなたがついさっき言った、抗議に対するたたかいと関連づけるならば、彼は絶え間なく、現在の私の対抗者たち――いや、対抗者ではなく敵対者ですね、ともかく私が学問上でたたかっている相手に比すべき人々――つまりソフィストたちとたたかっていました。現実と思い込ませつつ非現実について話をする、また同時に、印象的な言葉の煙幕で現実を遠くに置いてしまう、そういった連中です。

この権威ある人物を私が自分のものだと主張するのは、高貴な祖先を我がものにしようとする単なる戦略ではありません。例えば、私が「ドクソゾーフ」〔doxosophes〕と呼ぶ人々に対してしている仕事がそうです。私はこの語をプラトンから借用しました。見事な語です。「ドクサ」〔doxa〕は意見、信仰、さらには表象、外見、虚飾を同時に指します。「ソポス」〔sophos〕は「それを知るもの」ということです。ドクソゾーフたちは、外見を知る学者であると同時に、外見だけの学者です。例えば、私にとって、調査をする人々は、現代におけるソフィスト、つまり社会についてのある見せかけを作り出すために、金銭、名誉、利益、物質的利益、象徴的利益が与えられる人々です――ソフィストには金が払われましたが、ソクラテスにはほとんど払われませんでした。その見せかけは、誰もが結局それは間違いだと知っているにもかかわらず、

*10『ラケス　勇気について』、『プラトン全集第七巻』（岩波書店）所収。
*11『エウテュプロン　敬虔について』、『プラトン全集第一巻』（岩波書店）所収。

社会についてのある種の真実を隠蔽することを可能とするがゆえに、人々に異常な力をふるうのです。

さて、これで本当の答えに到達しました。それは、社会学者の抱える問題とは、彼が言おうとすることは誰ひとり、とりわけそれを読む人々が知りたいと思わない事柄だということです。同時に、このことはしばしば、私の社会学者としての存在と、学問的仕事の機能の正当性を疑わせます。社会の現状をありのままに言うことはいいことだろうか、自分自身をよく知る社会とは居心地のよいものだろうか、と。そのとおりだ、と私は思います。マルクス主義の大きな嘆き声のせいでいまもなおざりにされている多くの苦しみ、多くの悲惨は、もし透明性があれば、もし教養の現状、宗教の現状、仕事の現状等に関するより広い認識があれば、見事に和らげられ、改善され、あるいは無化されることでしょう。

社会学とポピュリズム

シャルチエ　ですが、それはある種のユートピア主義に近くはありませんか？　ユートピア主義の語は、ときどきあなたの著作にあらわれているように思います。実際のところ、数々の限定を自覚させて、そこから自由のわずかな余白の場所をつくることを可能にする道具の流布は、どうすれば確実に行うことができるでしょうか？　またそこには、現実それ自体を作り上げているものの表皮を剝ぎ落とし、分解し、解体するための合理的分析の道具を被支配層に届けるためにはあらゆる直接知や継承された教養と決別しなければならない、と考えるポピュリズムの危険性がありはしませんか？

ブルデュー　そうですね、ふたつの事柄があります。ポピュリズムは存在しますが、しかし因習を一掃するこの種のラディカリズムとは、まったく別です。この両者は必ずしも互いに付き物というわけではありません。ポピュリズムについて言えば、両義的な部分を残す必要はないと私は思います。ここでもまた、ソクラテスの例え話を用いることができそうです。ソクラテスは質問をしますが、彼は人々の回答を鵜呑みにはしません。そして社会学者は、質問に率直に回答する人々が、必ずしも真実を言わないこともよく知っています。社会学者の仕事は、行為の観察や、言説や、また書かれたものなどから、真実を練り上げる状況を構成することにかかっているのです。大衆は他の人々よりも真実を語ると信じているおめでたい人々もあいかわらずいますが。実際には、大衆はとりわけ支配を受けているのですから、支配の象徴的メカニズムにとりわけ支配されています。たとえば、――左派が権力の座にあった時期に流行したことですが――未成年者の口にマイクを向ければ、未成年者に関する真実が集録できると人々は考えます。ですが、実際に集まるのは三〇年も前の労働組合の言説です。同じことを農民に対しておこなえば、教育者の言説が、それもゆがめられた言説が集まるのです。ですから、知識人であれプロレタリアであれ、社会のなかで本来の場所を見つけられるという考えは、知識人を意気盛んにすることを許して来た神秘思想のひとつでしたが、重大な自己欺瞞を土台としています。社会学者は聞き、質問し、話をさせますが、あらゆる言説を批評に委ねる手段をも自分に与えます。この職業では言わずもがなの事実ですが、外部の人には知られていないようです。

二番目の問題です。既製の概念を打ち壊すこの科学――この点で社会学はフロベールのような人の筆致に近いものです。私にとっての問題は、人々がそのことに気づかず、フロベールの言うことは受け入れてもブルデューの物言いは嫌うことです。私にはそっくりに思えるのですが……――この科学そのものは、その問題設定から逃れられるのか。社会学があらゆる物事を客観化するのであれば、自分自身も客観化することができるのか？ もし客観化できるとすれば、それは自らの基盤を破壊することになるのではないか？ これは古い、社会科学と同じくらい古くからある議論であって、リセの卒業試験ならともかく、こんなことをまだ取りあげて、科学上の議論にするなどというのは驚きです。ともかく、それでも答えなくてはなりませんね。歴史学者自身が歴史のなかにいるのだから、歴史学の科学はあるだろうか？ 社会学者自身が社会のなかにいるのだから、社会学の科学はあるだろうか？ このことには答えられると思いますが、ただ、ちょっと時間がかかります。手短に論証できるようやってみます。社会学的な言説は、闘争や競争などが存在する、それ自体が社会的な空間、科学界で生み出されます。そして、自然科学と同じように、世界の認識を手にしようとする人々の間の闘争を通して、より深い認識に向かうある種の進歩が可能ですが、この闘争が規律ある言説という最低限の規律に従っている限りにおいてです。別の言い方をすれば、あらゆる攻撃が許されるわけではないかどうかです。例えば、科学的議論を、政治的議論で抹殺することができるかどうかです。ひとつの定理を右翼的だと言って抹殺することはできません。ところが、社会学や歴史学の理論は、右翼的だと言って抹殺される可能性があります。比較的に自律性を持ち、当面の真実を供給することが可能で、検証にも耐えうるひとつの学問界とは、この種の攻撃がもはや機能しないような界《シャン》です。残念ながら、この場合はそうではありません。学校の中庭がお似合いのレベルの議論の攻勢に対して、社会学者たちはなかなか自分たちの領域を守れないのです。

シャルチエ　私の質問が、最終学年の小論文問題のようでなかったのならいいのですが……

ブルデュー　あなたのことを言ったわけではぜんぜんありませんよ、わかっているくせに！（笑）

自己防衛としての社会学

シャルチエ　あなたはイギリスの社会学者リチャード・ホガートの仕事をフランスに紹介したうちのひとりです。ホガートは一九五〇年代に素晴らしい著作『読み書き能力の効用』[*12]を書きました。彼は大衆文化（新聞、テレビ、ラジオ）で広められる支配的言説との関係において、これらのメッセージに従う人々が、完全にそれらに支配されたり麻痺させられたりするのではけっしてなく、それらに対して常に、仏訳では「婉曲的な関心」「断続的な賛同」と呼ばれるものを保ちつづけることを示しています。最も支配を受け最もなにも持たない層に、所有物を取り返すことのできる武器を提供しようと望む社会学者の批評的言説が、今度は自分のほうが外部から投げられたものとして彼らの目に映るリスクがある、つまり、同じような婉曲的な関心、断続的な賛同を受けていることに気づく、とはあなたは思いませんか？　つまり、結局のところ、支配の現状についての批評は、それ自体がまた支配に属するものだと映りはしないか、ということです。反抗や防衛の姿勢からつくられたに違いない、社会に対する自然発生的な知識は、どうすれば批判的な省察を受け入れて、社会決定論と距離を置くことを可能にする理論的な道具を手に入れることができるのでしょうか？

ブルデュー　実際のところ、ここにも、またしても二つの問題があると思います。私が思うに社会学とは、少なくとも私が考える社会学とは、一方では象徴的な攻撃や象徴操作、つまり本質的に言説の専門的生産者に対する自己防衛の道具を作り出します。そして社会学者は、これは私が何度も言っていることですが、ジャーナリスト、司教、教師、哲学者など、話すことと社会について話すことを職業にしているすべての人々、象徴の作り手のなかには数えられません。なぜなら社会学者の仕事の大部分は、社会に関するお決まりの言説や、半分は策謀家である人々のレトリックへの警戒を呼びかけることにあるからです。問題は、社会学者という、象徴に関する柔道教師が教える「セルフ＝ディフェンス」の手段は、言ってみれば、宣伝やマーケティングのなかでそれを用いるひとびとに横取りされることです。

例えば、誰かが選挙日の夜にテレビに出て、ひどい分析をすることがあります。その解説は、犯罪的と呼べるほどめちゃくちゃで、およそ出版に値しないものでしょう。政治家についてコメントしたジャーナリストにコメントする政治科学の教授でもかまいません。誰もが話にけりをつけるために戦っているのではなく、先の発言者に対してメタ言説の立場をとるために戦っ

＊12　リチャード・ホガート『読み書き能力の効用』、原著一九五七年（香内三郎訳、晶文社、一九七四年〔新装版一九八六年〕）。仏訳は『貧者の教養』のタイトルでミニュイ社から一九七〇年に出版された。

ているのです。とても興味深い比喩を使いましょう。サルを使った有名なケロッグ[40]の実験のなかでのことです。ある日、彼はバナナを普通のサルには手の届かない中空に吊るします。サルたちはみな飛び上がろうとしますが、いちばん賢いサルタンというサルは、その女友達のなかから小さなメスのサルをつかまえてバナナの真下に来させ、その上に乗ってバナナを取るのです。するとその場にいたサルたちはみな、片手を高く挙げて、他の誰かの上に乗ろうとしますが、誰もそうさせてはくれません。全員、上に乗られてはいけないのだと理解しており、もはや誰も下になろうとはしないのです。そうです、私たちがテレビで目にする選挙日の夜の討論の多くにいるのは、片手を高く挙げた人々の一群です。何を取ろうとしているのかといえば、「メタ」の立場を取ろうとしているのです。「あなたの言っていることを言うというのがどういうことか、私があなたに言ってあげましょう」という具合に。例えば歴史家が――私は名前は挙げませんが誰もが知っています[41]――やってきてこう言うでしょう。「もしこの年とこの年の統計を比較すると、一見勝利に見えるものも勝利ではなく、ある点までにおいてはむしろ敗北と言えます」とかなんとかね。そして他の誰かが彼の上に乗るでしょう。こういうメカニズムをはっきり示すことができれば、私の考えでは、ものすごい力を持つことになるでしょう。ですが、それを広めて誰の得になるでしょう？　ラグビーで言うなら、ウイングに届く前にインターセプトされてしまうでしょう。あなたが先ほど言ったように、こういったことを知って得をするような人々が、これらを耳にするチャンスは皆無です。

それはともかく、彼らは自然発生的な防衛システムを持っていて、それを過小評価してはいけません。彼らは抵抗するための消極的な――例えば、途中でサンドウィッチを作りに行ったりするような――手段を、また積極的な手段を持っています。私がいつも引用する例がありますす。ドゴールが提唱した参加《パルティシパシオン》*13について、ルノー社の一労働者の口から私が聞いた見事な言葉です。「参加ってのは『お前の腕時計を貸せ、何時か教えてやる』ということじゃないかとね。もっと言えば「お前の腕時計をよこせ、何時か教えてやる」だと(笑)。これは政治の分析ではありませんし、比喩を用いたこの種のメッセージが内包するものを詳説するには、分

(40) W.N. et L.A. Kellogg, *Le Singe et l'Enfant*〔サルと子供〕, Stock, 1936〔*The Ape and the Child*, New York, McGraw Hill, 1933〕.〔この例え話は後年ロイック・ヴァカンにも語られている。水島和則訳『リフレクシヴ・ソシオロジーへの招待――ブルデュー、社会学を語る』、藤原書店、二〇〇七年〕

(41) 歴史学者ルネ・レモンを指す〔ルネ・レモン(一九一八―二〇〇七)は高等師範学校出身の歴史学者、政治学者。パリ第10大学教授。一九九八年からアカデミー・フランセーズ会員。右派の歴史や政教分離に関する多くの著作があり、頻繁にメディアに登場した〕。

*13 ドゴールは一九六八年の五月危機を受けて、労働者が経営に関与し、労使が協調することで社会が改革されると提唱した。この「参加」の提唱は国民に支持されず、ドゴールは翌年大統領を辞任した。

析に多くの時間が必要となるでしょう。ともかく、防衛の手段があるのです。もし進歩した科学によって作られた防衛の手段と、自然発生的な抵抗の手段があるなら……つまり、もしビデオで試合を見た上でそれを利用できるラグビー選手たちがいれば、政治生活は大きく変わるでしょう。実現不可能な生活はソフィストたちの手に戻ることになるでしょう。ですが今日明日の話ではなく、現在のところは、ソフィストたちが情報の伝達をコントロールしています。

理性的なユートピア主義

シャルチエ　そのためにあなたはコリューシュの立候補を支持したのですね(42)？

ブルデュー　無関係ではありません。コリューシュの立候補は実に重大な立候補で、なぜなら、実際に、揶揄しながら、プジャディスム[*14]とはまったく違ったやり方で、疑義を呈したからです……　実に驚くべきことです。これもディフェンスの一種です……　ある非常に知的な記事が、もちろんものすごく知的な『ル・モンド』紙に掲載されたものですが、こんなことを言っていました。これはプジャディスムの再来だ、云々と。ですが統計によれば、コリューシュを支える社会基盤は、プジャディスムとは完全に逆でした。つまり知識人や、それを使って得ることのできた地位以上に高い学歴を持つ若者たち、つまり伝統的には左派の支持基盤なのです。

(42) 一九八〇年一〇月三〇日、コメディアンのコリューシュ(一九四四―一九八六)は翌年五月に予定されている大統領選挙の候補者に立候補することを表明した。「怠け者、不潔者、ヤク中、アル中、ホモ、女、居候、若者、老人、芸術家、受刑者、売春婦、見習い、黒人、歩兵、アラブ人、フランス人、長髪、気違い、ゲイ、元コミュニスト、確信的投票棄権者のみなさん、政治家を信用しないすべてのみなさん、私に投票しましょう、市役所で登録をしてから触れ回りましょう。みなさんに嘘をつく理由を一切持たない唯一の候補者、『コリューシュと一緒にみんなで奴らのケツに一発くらわせろ!』」。世論調査では一〇%から一六%の候補者が彼に投票する意思を示すが、さまざまな圧力が彼に加えられる。一九八一年四月一六日に彼は撤退を表明する。一九九九年にブルデューはこのエピソードについてこう語っている。「一市民を政治的に無責任だと言うことは、非合法に政治をやっていると非難することです。このような無責任な者たち(私もその一人です)のよい点は、政治の世界の暗黙の前提、つまりノン・プロはそこから排除されているということをあからさまにすることです。〔…〕政治家だけが政治を語ることができる、というのが政治界の根本的な前提なわけですが、この前提に意義をはさもうとするラディカルな野蛮に対して政治家たちもメディアも立場の違いを乗り越えてこぞって非難を浴びせました」(*Interventions 1961-2001. Science sociale et action politique*, Agone, 2001 p. 163〔藤本一勇・加藤晴久訳『政治――政治学から政治界の科学へ』、藤原書店、二〇〇三年、七九―八〇頁〕)。

*14 プジャディスムは、一九五三年に南仏で起こった反議会主義的な運動。名称は中心人物の文具書籍商ピエール・プジャード(一九二〇―二〇〇三)に由来する。地方の中小商工業者の不満を背景に躍進し、一九五六年の下院選挙では五二人の当選者を議会に送り込んだ(このなかにジャン゠マリー・ル・ペンもいた)。議会主義とヨーロッパ統合に反対しナショナリズムを掲げたが、二年後の選挙で大敗を喫し衰退した。

コリューシュの面白みは、批評的ハプニングを実行に移したところです。教養のヒエラルキーの反対側の場所に位置づけられている、より高尚なイメージを用いることにしましょう。カール・クラウスです。フランスでは誰も読んだことがないのに、カール・クラウスは素晴らしいと言わなければいけないことは誰もが知っています。ですから私もこの正当な権利を行使します(笑)。カール・クラウスは職業的知識人で、その人生を、結局は、サルトルとまったく逆のことをして過ごしました。数々のハプニングを起こして過ごしたのです。彼は数々の見事な事柄を成し遂げて、もし時間があれば私もそうしたいところです。彼は知識人を突き動かしている社会的慣習という感情を踏まえて、偽の嘆願書を作りました。大義名分です。今日で例えるならば、エイズに対する同性愛者の擁護だとか、そんなところです。彼は当時最も高名な知識人たちが署名を連ねた偽の嘆願書をつくったのですが、人々は誰もあえて否定しようとはしませんでした。その後、彼はぜんぶ自分がでっち上げたもので、誰も署名はしていなかったと明らかにしたのです。この人物は、劇場的ハプニング、めちゃくちゃな集会といったコリューシュ的流儀で、ソフィストの世界に疑問を投げかけて過ごしました。ですから、この種の実際的な防御を広めるためにできる仕事はあるのです。

シャルチエ　そのとおりですが、相手に攻撃材料を与えているとまた言われますよ……

ブルデュー　これがおそらく私の性格によるものだということは確かです。他の人は「性格」

と呼び、私は「ハビトゥス」と呼びます。私が示したのは、問題を延長するための極端なやり方です。ですが私が考えているのは、合理的なユートピア主義の余地はあるということ、つまり人々は、可能性の範疇でのユートピアの取り分の権利を持っているということです。社会変革の道具としての社会学の適正な活用とは、できることの限界を規定して、成功するチャンスが少しでもあれば、可能な限りその限界に近づこうとすることなのだと私は考えています。

シャルチエ　そうした限界の一端は、あなたがどこかで引用している『コヘレトの言葉』の「知恵が増せば憂いも増す」[*15]という一節のなかにもあるのではないですか？　つまり、結局、あらゆる支配のメカニズムを明らかにすることによって、その瞬間から人々は、一種の革命の勃発を待望することや、社会全体をひっくり返して一から作り直す救世主《メシア》主義へと支配が変化することをあきらめてしまって、もしかすると、政治的な大きな企てというよりも一種の絶望を生む原因になるのではないでしょうか。なぜなら、少なくとも第二次世界大戦以来の知識人の伝統的なあり方とまたしても断絶することは、累積的な動きのなかで徐々に溜まっていたフラストレーションと相関して幻想を喪失することであり、大きな断絶に至るでしょう。もはや誰もそれを信じません。したがって、その瞬間から、メカニズムを明らかにするという、

＊15　旧約聖書『コヘレトの言葉』、一章一八節。

救世主降臨《メシア》の希望とは無縁のこの仕事は、苦しみの果てのない増大を生むのではありませんか？　ここにこそ、あなたがいままで話したことよりもっと根深い、批評の道具を所有することへの障害があるのではないでしょうか？

ブルデュー　救世主降臨《メシア》の希望は、変革への最も大きな障害のひとつだと思います。この救世主降臨《メシア》の幻想を、完全に抑制された理性的な希望に置き換える必要があります。それはしばしば、改革派だの、妥協だのと悪く言われがちですが、そのなかには非常にラディカルなものが存在します。例えば、私がいま言ったことは、ユートピア主義者だ、無責任だといったレッテルを私に与えましたが、理性的です！　もし、あらゆる知識人が彼らに関連する場所で、透明性をもう少し持たせ、自己欺瞞をもうほんの少し減らせば、大きな変化になるだろうと思います。もっと簡単な例をとりましょう。もし、世論調査の適正活用に関して、社会学者や法律家によって法的に保証された――つまり標本の規模ばかりでなく、もっと深いところまでも監督する――委員会があれば、民主主義に向かう進歩となるでしょう。これがごく単純な例です。ですが、これは要求する価値もないものと見なされてしまうのです。さもなければ、ヴェトナムのような、つまりまったく自分の力の及ばない、ストア派の言う、われわれ次第ではない物事に関わらなければなりません。目を向ける必要があるのは、われわれ次第の物事です。そしてわれわれ次第の物事は、結局のところ、人々が思っているよりもずっと大事なことなのです。

例えば、知識人たちによってつくられたまやかしは、すべてわれわれ次第の物事です。ですから、――政治運動の「すべて」というわけではまったくありませんが――私たちにかかわる知的幻想に対する批判は、おそらく、私たちにできることのなかで最も重要なのです。他にもたくさんのするべきことがあります。ですが、われわれ次第の物事、根本的には、それが重要なのです。

第3回　構造と個人

偽の対立

シャルチエ　私の見るところ、社会学、歴史学、人類学などの社会科学は現在、――そもそも当を得ない問題だと思うのですが――あるジレンマをどうにか解消できないかと大わらわです。一九六〇年代にこれらの学問を支配していたもの、つまり「構造」「ヒエラルキー」「客観的視点」といった用語を用いたアプローチが存在します。その一方で、これらの分野は、それぞれ異なる形式で、異なる対象に取り組んでいるものの、そのすべての試みが、個人の行動・戦略・表現と、それらを互いに結びつけている関係性を復元したい、という欲求を共有しています。歴史学においては、金銭や公証人に関する資料のなかから普遍性を持つ分類を組み立てて、社会の客観的なヒエラルキーを構築することを目指した社会史が権勢をふるいました。それに続いて、現在では、主体の役割を考察しようとするアプローチに向かっています。ここから、伝記への回帰と志向性への回帰、そして「共同体」のような概念の使用がでてきます。後者は、もはや職業別の分類や社会階層といった用語で考察することを望まない歴史学者たちにとって、重要な概念となっています。

歴史学にあるこうした緊張が、社会学においても同様に存在しているように思います。あなたの最新刊『構造と実践』では、ある対談でこの対立を、つまり構造主義的アプローチと、相互作用説とかエスノメソドロジーと呼ばれる、多少なりとも現象学と関わっているその他のアプローチとの対立を取りあげて、これを誤った無益な対立だとはっきり言っています[43]。これが今回の対談でたどる思考の道筋となりそうです。あなたはこれらの対立を全体として当を得ない問題だと見なし、その本質を、構造に忠実であり続ける他のアプローチが伝統的・古典的と評価されるなかで、安直に自分を目立たせて独自性や革新性のイメージを安上がりに身にまと

(43) « Repères », entretien avec Johan Heilbron et Benjo Maso, *in* Pierre Bourdieu, *Choses dites*, *op. cit.*, p. 47-71〔石崎晴己訳「目印」、『構造と実践――ブルデュー自身によるブルデュー』所収、藤原書店、一九九一年、五九―九三頁〕.

うものだ、と喝破しています。ですがまず、なぜあなたは構造主義的アプローチと現象主義的アプローチの対立が当を得ない問題だと考えるのですか？

ブルデュー　いまあなたが言ったことには、問題のもつれがあります。まず、あなたが言及した偽の革新という考えについて話しましょう。社会学的にも科学的にも当を得ない問題が永続しているのは、これらがしばしば真の社会問題、真の社会的意義に基づいているからです。例えば、私はあなたがほのめかしたとおり、マクロとミクロ、主観的と客観的、そして現在の歴史学者に見られる経済分析と政治分析といった対立の大半は偽の対立であって、理論的分析には三秒と耐えられないと思っています。その一方で、これらは使用する人々の社会的機能を満たすために非常に重要なのだとも考えています。例えば、学問界は残念ながら、服飾界や宗教界とまったく似通った変化法則に従っています。つまり若者、新規参入者は、偽であれ真であれ革新的な行動、異端的な行動をとって、そしてこう言うのです。「老人どもはラブルース[*16]やブローデル流の経済史で三〇年間も俺たちをうんざりさせた。リスボン港の樽の数だのなんだのを数え上げるのはもう飽き飽きだ！　いまや別のものを数えるときだ」と。こうして、樽を数えたように、例えば書籍の数を、その内容にはさして注意を払わないままに数え上げたりすることでしょう。もしくはこう言います。「違う！　あらゆる物事は政治のなかにある」とかなんとか。これはドレスの裾が一時期長くなり、そのあとまた短くなったりするのとまったく同じです……

当を得ない問題の利点は、それらが永続的だということにあります。さらに、学問的な視点から見れば、それらはしばしば真の政治問題に根ざしています。一例を挙げれば、個人と社会、個人主義と社会主義、個人主義と集産主義、個人主義と集団主義《ホーリズム》、ばかばかしい「イズム」が付いたこれらすべての用語は、私から見れば支離滅裂です。これらの対立は、ある程度は、一方の集産主義と、他方のリベラリズムとの対立と関係がありますから、常に再活性化の余地があります。この潜在的な信奉によって、学問界に政治闘争が再三持ち込まれるのです。ですから学問界の自律は、これらの当を得ない問題に対する前線の設置にかかっています。例えば、学問上は非常に弱い立場でも、その背後に政治力があれば強められることがありえます。進歩的リベラリズムの時代には、純粋理論的な「ホモ・エコノミクス」〔homo economicus〕というばかげた理論を支持する人々の影響力がぶり返すのです。この影響力は一定の場所で見られるものの、学問の実践の場では見られません。それでもぶり返すのです。その途端、政治情勢を利用した知的行動を学問界で起こすことが可能となります。

*16　エルネスト・ラブルース（一八九五―一九八八）は高等師範学校出身のパリ大学教授。アナール派に属する。経済史、社会史の専門家として知られ、エマニュエル・ル＝ロワ＝ラデュリ、モーリス・アギュロン、アラン・コルバンらの博士論文を指導した。

それでは、なぜこれらの問題が当を得ない問題なのでしょうか？　これはいわゆる「別の袖口」、つまりまったく別物です。きわめて難しいことですが、かなり具体的に説明したいと思います。まず、これはデュルケームの考えですが、社会学が困難なのは、誰もがみな自分自身を社会学者だと思っているからだ、という考えがあります。社会学特有の困難のひとつは――歴史学でも同じことですが――わたしたちが天賦の見識を備えている、と信じ込んでいる点にあります。わたしたちは即座に物事を理解できると思い込んでいて、この即座の理解という幻想こそが、理解に至る障害のひとつとなります。この幻想を断ち切る方法のひとつが、対象化です。「社会的諸事実を物として扱わなければならない」[*17]という有名な文句は、学問の世界に雷鳴のごとく轟きました。もしロジェ・シャルチエを（あるいはピエール・ブルデューを）扱うのだとすれば、私は、彼が生きているあいだに私に話すこと、つまり彼が私に語る体験談や、精神上の経験、彼の表象を重要視することなく、あたかも主体性がないもののごとく、彼を検討する必要があります。こうして私は白紙状態となり、そうした言説を警戒します。デュルケームにおける「予断的概念」、マルクスにおける「イデオロギー」、あるいは自発的社会学と呼んでもいいものですが、べつになんでもかまいません、私はそれらを警戒します。私は彼の発言を録音しても、それらを警戒します。これが客観的な態度です。

世界は私を内包し《コンプラン》、私は世界を理解する《コンプラン》

シャルチエ　個人を適切に語るために必要な客観的な所有へと向かう……

ブルデュー　その通りです。そのために、一般的に、統計が用いられます。例えば、こう言ったりします。「私はロジェ・シャルチエが何回『さあ』と言うか数えよう、これによって、彼自身は気付かないが、私に話した他のすべてのことよりも重要ななにかが明らかになる」と。「私は彼の声の高さを測定しよう」。これらは実際になされたことです。喉のどこで声を出しているかで、その人の社会的位置を予測できる、などと言うのです。これが客観主義です。それに対して、「重要なのは、主体が考えていること、彼らの表象、彼らの言説、彼らの精神的イメージ、つまり彼らが社会について頭の中に持っているものだ」というようなことが言われます。そして、これも現象学の一形態ですが、自己分析をするための、あるいは他人の自己分析を助けるための努力が必要となります。つまり、彼らの表現、彼らの言説などを集める努力です。

＊17　デュルケームが一八九四年に雑誌に発表、翌年刊行した『社会学的方法の規準』（宮島喬訳、岩波文庫、一九七八年）に見られる。

これは猛烈にばかばかしい対立で、たったひと言で無効にできると私は思っています。同じことは社会と個人の対立についても言えます。両者はまさに隣り合っています。パスカルのある言葉が非常にうまく要約しています。私のやり方で、少し単純化して引用します（全文を引用してもいいのですが、それはただフェティシズムでしょうから）。「世界は私を内包《コンプラン》している、だが私は世界を理解する《コンプラン》」。[*18] 彼はコンプランドル〔comprendre〕という語が持っている「理解する」「内包する」という意味の二重性を用いています。世界は私を内包《コンプラン》し、私を小さな点に帰してしまう。私は世界の一事象である。私は物体である。私は位置づけられ、日付が記され、決定されている。私は力に服従している。もし私が窓から飛び降りれば、重力の法則に従って落下する……

　そして私は世界を理解《コンプラン》する、つまりその表象を所有していて、この世界で私が占めている位置に限定されはしない。これは何を意味しているのでしょう？　つまり、人間というまったく特殊なものを対象に定めるならば、この二重の現実を客観性で捉える必要があるのです。その人間の重量、身長を計測したり、数えたりすることは確かにできます。財産を数えたり、所有している書籍や車の数を数えたりもできるでしょう。その反面、これらの物がその人物を表象していることも、客観性の一部なのです。わたしたちのひとりひとりが視点を持っています。その人は社会空間のなかに位置づけられ、社会空間のその視点から社会空間を見るのです。こう言ってしまえば、二者択一がばかげていることはよく理解できるでしょう。歴史についてのロジェ・シャルチエの視点を理解するためには、ロジェ・シャルチエが歴史学者たちの空間でどこに位置づけられているかを知る必要があります。そうすることで、ロジェ・シャルチエの客観的真実と、彼の表象の原理を同時に所有できるのです。社会学者の仕事は、この双方を一つにまとめることにあります。個人と社会についても、まったく同じことです。この完全に偽の対立は便利なものです。客観主義による攻撃、主観主義による攻撃ができますから。私の若い頃には、サルトルやレヴィ＝ストロースに同意しながら、また同時にサルトルやレヴィ＝ストロースに反対しながら自分を構築できたという点で幸運でした。一方のサルトルは、可能な限り最もラディカルな主観主義を体現していましたし、もう一方のレヴィ＝ストロースは最もラディカルな客観主義を体現していました。実際のところ、両者のどちらかに二者択一で賛成するというのはまったく意味のないことです。前者に賛成して後者に反対する、しかも後者に賛成して前者に反対するのです。

＊18『パンセ』断章一一三。「自分の尊厳の根拠、それを私は空間に求めてはならない。自分の思考を整えることに求めなければならない。私は、土地を所有したところで、優位に立つわけではない。空間によって、宇宙は私を包み込み、一個の点のように私を飲み込む。思考によって、私は宇宙を包み込んで理解する」塩川徹也訳『パンセ 上』、岩波文庫、二〇一五年、一三四頁。

「認識論的実験」の状況

シャルチエ　各人の生の軌跡のなかで、そうした対立の無意味さに気づくのではなく、それを乗り越える手法を駆使することが可能になる瞬間や場所があるとは思いませんか？　あなたにとっては、それは民俗学の仕事、とりわけベアルン地方、つまりあなた自身のアイデンティティ、あなた自身のもともとの共同体に関する仕事から解決が、少なくとも暫定的な解決が生まれたように私には見えるのです。この解決が常に困難なのは、選び取った立場によって、用いるべき情報や手法が、必ずしも同じとは限らないためです。ある瞬間、研究の常態とは異なり、自分自身も属している社会を直接組み入れるような限定的な状況によって、ひとつのきっかけが生まれます。私はカビリア地方についてのあなたの仕事を読んで、そしてベアルン地方と結婚戦略に関するあなたの仕事を読んでより一層、それらがあなたがいまここで明らかにしようとしているもの、つまり客観性と主観性の対立のばかばかしさに適切な表現を与えていることに驚かされました。なぜなら、――あなたはこんな表現を用いていたと思いますが――自分自身が「認識論的実験[*19]」の状況のなかにあるからです。これは必ずしも常に起こることではありません。

ブルデュー　客観主義あるいは主観主義への傾向は、対象によって、そして認識する主体と認識されつつある対象との関係によって、不均一です。例えば、民俗学の立場は客観主義に向かいます。現象学の伝統はこの立場を深く考察しましたが、よそものであるという事実、ルールの外にいる誰かであるということ、観察するゲームのなかでなにも賭けていない人物であるということ、例えばそのなかでなんの利益も得ずに配偶者交換を記述する人物であるという事実によって、客観的な観察に到達します。教育システムを研究する社会学者にも同じことが言えます。彼は、息子をよりレベルの高い上の学校に進ませようとする一家の父親とはまったく違う振る舞いをします。例えば、私がグランド・ゼコールについての仕事をする際には、私は客観化を試み、そこに身を置き、迷路のなかのネズミのように走っている学生たちにも、また彼らに助言する人々にもまったく意識されていないメカニズムが可視化できるよう試みます。助言者たちも、自分たちが助言しているのはどういうことかわかっていないのです。助言が良くない、と言っているのではありません。私は完全に客観主義的なことをしようと試みます。そのことは、私自身の息子たちに最良の進路を助言するにはなんの役にもたたないかもしれま

＊19『語られたことども』所収の「規則から戦略へ」のなかでこの語を用いている。石崎晴己訳『構造と実践——ブルデュー自身によるブルデュー』、藤原書店、一九九一年、九七頁参照。

せん。いずれにせよ、私は同じ立場ではないのです。私は本質的に、一種の無私の立場にあります。これは私が利益を受け取らないという意味ではありませんが、それはまた別の種類の利益です。

　私がそのなかで二重に身を置く認識論的実験の困難な状況とは、まず、一方には、私が少年時代のすべてを過ごし、研究対象の人々が私が良く知る仲間であるような村の研究があり、他方には、私が数年前におこなった大学の研究があります。これら二つのケースでは、私が客観主義の誘惑に身を任せることもできたかもしれませんが、ある瞬間から必然的に、対象それ自体が、私を主体とする利益を私の面前に投げ返すことになったに違いありません。例えば、アカデミズムのシステムを分析すれば、異なる原理を持つ序列の存在が明らかになります。大学の世界が、序列化の二つの原理をめぐる闘争の周囲で分割されていることが明らかになるのです。一方にあるのは、再生産の道具立てに関する最大の権力者となる道です。教授資格試験《アグレガシオン》の審査委員長になったり、ＣＮＵ[44]の部門長になったりして、自らを再生産し、再生産を管轄する、もしくは他人の再生産を禁止することができるようになることです。そして、もう一方には名声があります。例えば、外国語に翻訳されたり、権威のある研究機関に招かれたり、ノーベル賞を受賞したりすることなどです。こうした二つの序列化の原理が存在し、競合しています。ある意味で非常に興味深いのは、社会学者が客観的手法を用いて、つまり人々の意見を典拠とせずに序列を作り出し、その序列が再生産されると、その序列は明白な事実のように人々の目に映ります。誰もが言うでしょう。「知っていましたよ、明々白々じゃないですか」と。そして同時に、あらゆる社会通念に抗って、この序列を客観的なものとして紙の上に書き付けるには、途方もない仕事が必要なのです。

ひとつの断絶があることがこれでわかるでしょう。私は、現地人として、これらの明白な事実を隠蔽しようとしたり、誰もが知る序列を否定しようとしたりするための共同作業の実践を山ほど目にしてきて、憤慨しています。アカデミズムの世界を正しく叙述するためには、双方の表現が不可欠だという一例です。そこには多くの序列があるのに誰もそのことを知りたがらない、ということです。これではまだ少し事態を単純化しすぎていますが、社会的に規定された共同体のメカニズムが存在し、それがフロイトの言う防衛のシステムとして機能しています。つまりこうした序列を見えなくさせているのです。なぜでしょうか？　なぜなら、おそらく、大学の世界、学問の世界は、客観的真実が主観的真実になれば、生きづらいものとなるからでしょう。この種の疑問は、この問題が同じく存在している、雇用者や司教職の研究を私がしているときには、これほど重大には迫ってきませんでした。

(44)　教育者・研究者の採用とキャリアを決定する国立大学評議会。

歴史学界と社会学界の違い

シャルチエ　ですが、そうなるとあなたは暗に、歴史学者が認識論的実験の状況に置かれるのは稀だと言っています。なぜなら定義上、対象には常に距離が置かれ、主体となる個人の利益には、直接関与している主体とは別の秩序が働いてるからです。現代を研究対象にしている人々は別ですが、その場合は分野の境界はほとんど大きな意味を持ちません。ですから、この推論を続けていけば、このことがおそらく、なぜ全体として歴史学者の、自分自身の実践についての反省が、社会学者の反省、とりわけ著書やこの対談であなたが着手した反省と比べると、それほど深刻だったり悲観的だったりしないのかという理由が説明できそうです。歴史学の世界の防御のようなものがあるのかもしれません。良く言えば、その理由はそこにはほんの少しの分裂しかないためですが、ですがおそらく――悪く言えば、とは言いませんが――、知識の実践という面ではごくわずかな明晰さしかもたらさないためかもしれません。このように、構造と意図という両極の対立に引き裂かれることが少ないために、典拠の類型、実践《プラティック》の類型を共有しており、結局歴史学者たちは、ひとつの界のなかで、異なるアプローチの共存を実にうまく可能にしています。その界《シャン》は完全に一体ではありませんが、歴史を形成する研究テーマと手法が織りなすモザイクとして存続しているのです。そこには、この対話の冒頭で語られた緊張はそれほど強く見られないでしょう。

ブルデュー あなたのいまの話には非常に満足しています。歴史学界と社会学界の違いに関する説明として、完全に同意できます。ときどき、私は歴史学の世界にあこがれます。その世界にいるならば、もっと心穏やかであるだろうと思うのです。そこには最も難しい経済史と精神史の支持者が討論することができる「歴史の月曜日」があり、誰もが最善を尽くすからです。加えて、異なる立場の橋渡しを保証する、融和的な人々がいます……

シャルチエ それに、書くことによって人に喜びを与えます。とりわけ、――狙ってそうするのであっても自然にそうなるのであっても――共同体のレベルにおいて、あるいは国家的アイデンティティのレベルにおいて、おそらくそれらを欠いている人々に起源や身元保証、アイデンティティを与えるという機能を歴史学に認める場合にはそうです。攻撃的で、再所有を実現させるものの、それには各人の多大な労苦を代償とすると思われている社会学についてのありがちな議論はすべて、つまるところ、別の秩序のなかに置かれています。歴史学の言説は、いくつかの場合と二〇世紀史を除けば、人を力づけ、安心させるものです。

ブルデュー あなたがいま話したことは、非常にうまく、歴史学の著作と社会学の著作に対する社会の扱いの違いを説明しています。書店での販売期間だけをとってもよくわかります。

社会学の叢書をクリスマスの贈り物にすることは想像できないでしょう。まったく考えられません。まったく攻撃するつもりなしに言っているのです。もし私が歴史学者なら、私もたぶんクリスマスの贈り物の製作に参加していたでしょう。

私が言いたいのは、この事実が社会学と歴史学の違いについての問題を提起するということです。社会学者たちは、攻撃的で、対立を煽る人々、「もめごとを起こす」人々だと見なされ、その一方で歴史学者は「穏やかな」人々だと見なされています。彼らは終わったことを研究します。ときどき、彼らはフランス革命に関する議論を引き起こしはしますが……

私にとって重要に思えるのは、歴史学ははるかに公平無私で、共生的で、「学問共同体」の理想に合致していると人々が口にできることです……　本当に共同体が共同体だとすればの話ですが、そんなものはフィクションです。学問的共同体とは、真実のための闘争の場です。そして私は、社会学は、対立を煽るがゆえに、最も公平無私であると考えます。私がここで言うことは、社会通念にまったく逆らったものです。人々はこう言います。「少なくとも歴史学者たちは彼ら自身の間で話ができる。社会学者のやつらを見ろ、みんなで罵り合って、同じことを言う人間は二人といないじゃないか」と。人々が思っているのとは逆に、学問共同体のまったく時代遅れで単純化されたひとつの考え方によって、歴史学に特権が与えられているのだと私は考えます。またしても単純化された対立のひとつで、意見の一致と衝突とが対立関係に置かれます。これは論述試験の大問です。「社会は意見の一致に基づいて成り立つか、それとも衝突に基づいて成り立つか?」。衝突による意見の一致というかたちがあることが理解できない人などいるでしょうか? まず、議論をするためには、意見が一致しない点について同意する必要があり、それから、衝突を経るがゆえにひとつになるのです。妥協や回避に至るのではない、別のやりかたでひとつになるのです。

あなたは先ほど言いましたね、誰もが自分の小さな帝国、小さな勢力範囲を持ち、そうして安穏に過ごせるのだと。中世史学者はけして近現代史を邪魔しません。私が考える歴史学の大きな弱点のひとつは、それは歴史学が、結局のところ、社会学がさらされている永続的なテストにさらされていないということです――私の友人たちはみな歴史家ですから、私が悪意で言っているとは考えないでしょう。社会学は存在するために絶えず自らを正当化しなければならず、自らの存在を確実なものと見なすことはけっしてできません。ひとつはっきりした具体例を出しましょう。質問表を渡したいときには、私は歴史学者だと自己紹介します。もし面倒な局面になったら、私は学生たちにこう言います。「自分たちは歴史学者だと言ったほうがいい」と。歴史学者の存在は正当化されていますが、社会学者は……

ですから、社会学が「もめごとを起こす」学問で、問題をつくり、問題をつくり出し、その存在が問題視されているという事実は、いずれにせよある種の社会学に、自らの存在について絶えざる明晰さを持ち、自らの拠って立つ所に不安を持つよう強います。それが結局は社会学を、学問としてより革新的にしているのです。

シャルチエ　私たちが話してきたこの緊張、あるいはこの論争に、歴史的側面を与えることもできそうです。他の知的な伝統と比較した場合、フランスの特殊性を特徴づけるのはおそらく、二〇世紀の初めに、同じだけの制度的な強さは伴わなかったものの、知的な強さとともに、社会学を、その方法論によってその他すべての分野を統合する一種の諸学問の学問として提示した、デュルケームの企図でしょう。あなたの学問的実践には、社会学を現代世界についてのみ仕事をする学問だとする規定を拒否した事実だけでも、この企図の強い痕跡が確かにあります。過去について仕事をする歴史学者と、現在に関わる社会学者のあいだの好都合な分担は、こうして完全に拒絶されました。あなたの著書のいずれか、または『社会学研究紀要』を開けば、伝統的に歴史学者が独占していた一九世紀やそれ以前の時期についての省察や記事が目に入ります。ここに、二〇世紀はじめの、非常に力強いフランスの社会学派と、もう一方の、マルク・ブロックとリュシアン・フェーヴルの「アナール派」を対置させた、辛辣な論争の痕跡があるのではありませんか？　実際に歴史学者たちを不安にさせて反発させる、社会学を社会に関する「唯一の」科学とする自負は、どのようなものでしょうか？

ブルデュー　王のごとき分野という社会学の本質であった野心は、私は完全に放棄しました。

オーギュスト・コントが示した諸学問の分類では、社会学は頂点に置かれており、戴冠していたわけです。哲学者と社会学者の対立には、このオーギュスト・コントとその野心が今もって影を落としています。私にとっては、この野心は実践感覚を伴わないものです。同様に、デュルケームがもっとはっきりと定義した別の野心も、私には無縁です。これはスピノザ的とも呼べる野心で、個人の利益を超越した真理を生みだすというものです。『フランス教育思想史』[(45)]にはデュルケームによる非常に美しい文章があって、真理と虚偽について語るスピノザの名高い文章[*20]の翻訳かと思わせるほどです……　さらに、こういったものは、経済学者のなかにも見出せるでしょう。サミュエルソンは彼の経済学の重要な概説書[(46)]をこう始めています。個人は経済世界に関して部分的で偏った見解を持っているため全体化することができない、と。彼らの観点は敵意に満ち、共存不可能で、並び立たないのですが、その一方で学者は、ライプニッツ

(45) Émile Durkheim, *L'Évolution pédagogique en France* [1938], Presses universitaires de France, 1990〔小関藤一郎訳『フランス教育思想史』、行路社、一九八一年〕.

(46) Paul Samuelson, *Les Fondements de l'analyse économique*, Gauthier-Villars, 1971〔*Foundations of Economic Analysis*, Harvard University Press, 1947. 佐藤隆三訳『経済分析の基礎』、勁草書房、一九六七年／増補版一九八六年〕.

*20 スピノザ『エチカ』第二部、定理42「我々に真なるものと偽なるものとを区別することを教えるのは、第一種の認識（表象知）ではなく、第二種（理性知）、第三種（直観知）の認識である」。

が神について語ったように、あらゆる視点からの実測図、あらゆる視点の描く軌跡を手にしているというわけです――このために、社会学者はしばしば、自分を神だと思い込んでしまいます。私はこれを、デュルケームの政治的野心――テクノクラート〔技術家または科学者出身の高級官僚〕的と言ってもいいでしょう――だと思っています。あらゆる事柄に関する知識を持つ社会学者は、個人に対して、彼ら自身以上に、彼らにとって有益なことを語ることができます。誤謬とは欠如、誤謬とは欠損です。[*21] 物事を一方の端からしか見ない行為です。

*21 スピノザ『エチカ』第二部定理35「誤謬とは非妥当なあるいは毀損し混乱した観念が含む認識の欠乏に存する」を踏まえている。

第4回　ハビトゥスと界《シャン》

「ハビトゥス」とは何か

シャルチエ　あなたが向き合っている問題のひとつは、これは歴史学者の問題でもありますが、「生物学的個体の内部における精神構造の生成[*22]」とあなたが呼んだもの、つまり個人が社会の諸構造を内在化して、それらを態度・行動・選択・好みを決定する分類システムへと変える過程だと思います。社会で同一の軌跡を共有している生物学的個体群のなかでの、このよう

＊22　出典は以下。*Choses dites*, p. 24.『構造と実践』、二七頁。

な精神構造の取り込みを理解するために、あなたは、少なくとも人文科学の現状においては伝統的ではない、ひとつの操作概念を提唱しました。それが「ハビトゥス」です。少し風変わりというか、中世風にも感じられます。なぜこれを用いるのでしょう？　この概念はどこから来たのでしょう？　あなたが作り上げたのでしょうか、それとも受け継いだのでしょうか？　もしくは、別の伝統と——もっと長い歴史を持つ精神史の伝統や、その初期形態におけるアナール派の伝統と——対立させるために、この概念を用いているのでしょうか？

ブルデュー　「ハビトゥス」の概念はとても古いものです。トマス・アクィナスらを経てアリストテレスまで遡れるのですから。ですが、現在多くの人が好んでするように系図を辿ってみたところで、私がそれを復活させたわけですから、概念にとって得るところはないと思います。ある概念を学問上で利用する前提としては、実践的利用を統御するとともに、もし可能であれば、借用した概念のそれまでの用法と、それが用いられてきた概念空間とを理論的に統御する必要があります。実際のところ、空間をこのように統御することによって理論の大綱を示すことができるのであり、これはちょうど、構造的な一貫性を保持する多種多様な政治空間を直感することから、ひとつの政治路線が導き出せるのに似ています。

アリストテレスやトマス・アクィナスの著作、さらにはフッサール、モース、デュルケーム、ヴェーバーといったそれぞれ異なった人々の著作に見られるハビトゥスの概念は、つまるところ、非常に大事なことを言っています。それは、社会における「主体」とは瞬間的な思考ではない、ということです。違う言い方をすれば、誰かがこれからすることを理解するには、刺激物を知るだけでは不十分なのです。中心のレベルにひとつの配列システムが存在する、つまり仮想的な状態で存在し、ある状況に連動して表面化するものがあるのです。だいたいそんなところです。非常に込み入った議論になりますが、それでもハビトゥスの概念にはいくつもの利点があります。行為者たちには歴史がある、そして彼らは個人の歴史と、ある環境に結びつけられた教育との産物である、また、彼らは共同体の歴史によって産み出され、とりわけ思考のカテゴリー、理解のカテゴリー、認識の図式、価値基準のシステムなどは、社会構造の内在化の産物である、こういったことを想起させるという点でハビトゥスの概念は重要です。

それでは、やや複雑ではありますが、理解の助けになりそうな実例を挙げてみましょう。私はごく最近、バカロレア〔大学入学資格試験〕を終えたのちに、高等教育システムという、現代では非常に複雑化している場所へと進む学生たちの選択を研究しました。[*23] 森のようなものを思い描く必要があります。左に向かう人もいれば、右に向かう人もいる、蛇行や迷路のなかで迷

＊23 Pierre Bourdieu et Monique de Saint-Martin, « Agrégation et ségrégation. Le champ des grandes écoles et le champ du pouvoir〔教授資格試験と格差――グランド・ゼコールの界と権力の界〕», *Actes de la recherche en sciences sociales (ARSS)*, septembre 1987, n° 69, pp. 2-50.

子になってしまう人もいる……　人々がどのように選択をおこなうのかを研究しました。なぜある人々は高等師範学校に進み、ある人々は理工科学校や国立行政学院に進むのか、といったことです。私は実証的データに基づいて――実行された選択、選択をした人々の属性、そして両者の関係の研究に基づいて――、社会的因子、この場合で言えば進学希望者が、対立構造を内在化していたためにこうなった、と言わざるをえなかったのです。これは彼らが入って行こうとする場所の客観的な対立構造、つまり、おおまかに言えば、ＨＥＣ経営大学院と高等師範学校の対立構造です。一方にはビジネスがあり、もう一方には知性に関わる事柄があります。つまり彼らには、家庭で獲得された選択システムがあるわけです。高等師範学校にはどちらかと言えば教授の息子たち、ＨＥＣ経営大学院には商売人の息子たちが見出されるでしょう。この選択を決定づけるものはなんでしょうか？　それは、近代精神における大きな構造的対立です。芸術と金銭――無私と私利、純と不純、精神と肉体、といったものです。この非常に根本的な対立こそが、自動車、購読紙、休暇、身体、セクシュアリティといった分野における選択を決定するでしょう。客観的には実践の分配や、収入の分配構造などの形式で存在しているこの対立は、選択システムとして内在化されることになります。知的な面では立派だが収入は低い地位と、経済的には高収入でも知的には無価値と見なされている地位のどちらかを選ぶよう迫られたら、私が教授の息子なら前者を選ぶでしょう。これこそが、ある客観的構造が――非常に入り組んだシステムであるグランド・ゼコールの対立が——主観的構造へと、認識と評価のカテゴリーへと、選択システムへと転ずる一例です。どんな媒介によっておこなわれるのでしょうか？　さて、これは大仕事です……

ハビトゥスは宿命ではない

シャルチエ　まさにその点で、歴史学者の立場で進められた議論が当てはまるかもしれません。ハビトゥスの概念を用いて作業をする際、最初に浮かぶであろう疑問は、中世のスコラ神学の時代における建築様式と思考の構造の類縁性を研究した際にパノフスキーが抱いた疑問です。[*24] まったく異なる実践の場で機能するほど安定し、かつ共有されている選択が定着することを可能とする場、社会基盤とは、いったいどのようなものでしょうか？　あなたが傾向と見なしたものを、むしろ人間が生まれながらに持つ取り込みという側面から理解することはできま

＊24　アーウィン・パノフスキー『ゴシック建築とスコラ学』（原著一九五一年）、前川道郎訳、平凡社、一九八七年：ちくま学芸文庫、二〇〇一年。アーウィン（エルヴィン）・パノフスキー（一八九二—一九六八）はドイツ出身の美術史家。一九三四年にプリンストン高等研究所の教授として迎えられた。

せんか？　あなたのいくつかの著作、特に『実践感覚』には、こうした事柄は非常に早くから作用し、言葉を操ったり、理性的で落ち着いた思考をしたりする前であっても、幼年期が社会構造を個人の内部へと取り込む決定的な時期となりうる、という考えが示されています。それともあなたは、あなたが多くの時間と研究を割いている、学校のような制度的装置が、身振りや行動の言外の作用による初期の取り込みと呼べるものに加わり、補強し、修正すると考えているのでしょうか？　ここに大きな議論があるのではないでしょうか。なぜなら、制度の重要性に関連する問題がある一方で、親子間の関係を通して家族組織に浸透する行動基盤になりうる、見聞や伝聞で継承されるあらゆる物事の重要性の問題が他方にあるからです。

ブルデュー　答えに先立って言っておきます。この機会に私は、現在の一連の議論が拠って立つ「個人と社会」という対立概念（例えば集団主義《ホーリズム》と個人主義との対立です）がいかに不合理かを示したいと思います。社会は――「社会」が主語になる文章はナンセンスを確約することになりますが、話を早くするためにこうせざるをえません――ふたつの仕方で存在します。社会は客観的には、社会構造や社会のメカニズム、例えばグランド・ゼコールの新入生募集のメカニズムや市場メカニズムなどのかたちで存在します。そしてまた、個々人の頭のなかにも存在しています。社会は個人の状態として、取り込まれた状態として存在しているのです。別の言い方をすれば、社会化された生物学的個体とは、個人のかたちをとった社会のことなのです。

といっても、行動の主体の問題がなくなると言いたいわけではありません。主体は意識的か否か？　ここから個人の生成と、選択をおこなうための基本構造を獲得する社会的状況という、あなたの問いに戻れそうです。これらは非常に早くから作用しているのか？　とても難しい問題です。論理的かつごく単純な理由から、大部分は不可逆的であるように思います。その理由は、あらゆる外部からの刺激や経験は、そのつど、すでに構築された分類をとおして知覚されるためです。その結果として、一種の閉鎖があります。例えば、老化はこの構造における一種の漸進的な閉鎖と定義できるでしょう。老化する人物は、まさしく次第に硬化する、したがって刺激や働きかけなどに対する柔軟さを徐々に失う精神構造を持っています。これは非常に早くから機能をはじめていて、例えば、男性と女性の対立概念がそうです。私はまもなく、シカゴで聴講した、性差の学習に関する実験に基づいた研究をおこなった心理学者の発表を掲載します[47]。「ナーサリー・スクール」〔義務教育以前の子供が通う施設。保育園〕では、三歳になる前から、男児たち、女児たちが、それぞれ男児や女児に対してどう振る舞うべきかを習得し、男児、女児から受け取るであろうもの――げんこつか優しさか――を予測している、というのですから、

（47）おそらく以下の論文を指す。Judith Rollins, « Entre femmes〔女同士〕», *Actes de la recherche en sciences sociales*, 1990, n° 84, p. 63-77.

実に驚くべきことです。こうしたメカニズムはかなり早くから機能しはじめます。もし性差による仕事の区別のメカニズムを非常に基本的なものと考えるならば――例えば、政治においては、服従と支配、上位と下位など、あらゆる政治的な対立概念は性的なものです――、もし性差による分業を認識する身体的図式を社会認識の本質的な構成要素であると捉えるならば、ある意味では、最初期の経験は非常に強いと考えられるでしょう。それはともかく、ヴィゴツキーというロシアの偉大な心理学者・社会学者は――ピアジェ〔スイスの心理学者。一八九六―一九八〇〕から着想を得ましたが、ピアジェが二次的に扱った社会発生学の側面を導入しました――、学校教育の独自の効果を分析しようと試みました(48)。彼は非常に面白いことを言っています。彼は言語の例から出発していますが、それは普遍化が可能です。子どもたちは彼ら自身の言語を知ったうえで学校に来るが、それでも学校では文法を習得する。学校の持つ主要な効果のひとつは、実践をメタ実践へと移行させることだろう、というのです。

ですから、ハビトゥスとは、宿命ではありません。人々は私に「ファートゥム」〔ラテン語で「運命・宿命」の意味〕と言わせようとしますが、そうではないのです。それは開かれた選択システムであり、たえず経験によって影響を受け、経験によって変化します。ですが、いまここで修正しておきましょう。ある社会条件に結びついた社会的宿命のなかでは、経験がハビトゥスを固定する可能性はありえます。もうひとつ別の難題も解消しておきましょう。ハビトゥスは

――潜在的なシステムである以上――、ある状況を基準にしてしか明らかにはなりません。私がそう言うと思われているのとは逆に、ある状況との関係のなかで、ハビトゥスはなにかを生み出すのです。それは衝動のようなものですが、きっかけを必要とします。そして、状況に応じて、ハビトゥスはまったく逆のことさえするのです。

司教に関する私の研究[*25]から、ひとつの例を出しましょう。歴史学者にもおおいに関係があります。私は継続的な母集団を対象としました。司教というのは、とても長生きの人々で、私は同時に三五歳と八〇歳の司教を、つまりまったく異なる状況の宗教界で司教として形成され、一九三三年、一九三六年、一九四五年、一九八〇年に叙階された人々を一緒に対象として、彼らの社会的出自を調べました。貴族の息子もいました。貴族の息子は、一九三〇年代であれば、デュビィが彼の著作で想起させるような半ば封建的な貴族社会の伝統のなかで、モー〔パリから東に四〇キロの街〕の司教となって、教区の信者に指輪にキスさせていたことでしょうが、現代ではサン゠ドニ〔パリの北に隣接する郊外〕の司教、つまり急進主義の「赤い」司教になっています。おそらく、ハビトゥスとはなにかがよく理解できた人は、平均・平凡・野卑・小市民か

（48） Lev Semionovitch Vygotski, *Pensée et langage*, Éditions sociales, 1985〔ロシア語原著一九三四年、柴田義松訳『思考と言語』、明治図書、一九六二年〕.

＊25 注（17）と同じ。

ら距離を置く同じ貴族的なハビトゥスが、正反対の状況で正反対の事柄を生み出しているのがわかると思います。別の言い方をすれば、いわばハビトゥスが状況を形成し、状況がハビトゥスを形成するのです。非常に複雑な結びつきです。私は、私の持つハビトゥスに従っているために、同じ状況で、一定の物事が見えもすれば、見えなくもあるでしょう。そして、そのことが目に入ったり入らなかったりすることで、私は私のハビトゥスによって、なにかをしたり、もしくはしなかったりするようにしむけられるのです。非常に複雑な結びつきですが、これは一般的な概念——主体や意識などといった——では考察できないものだと私は考えています。

「ハビトゥス」は歴史学に用いられるか

シャルチエ　その概念を歴史学的に用いる余地はあると思いますか？　あなたの話を聞いて、ハビトゥスの概念をかなり頻繁に用いたある著作家との類似や相違に驚かされます。あなたと同じく社会学者で、ある意味では歴史学者でもあったノルベルト・エリアス〔ドイツ生まれの社会学者。一八九七—一九九〇〕です。私を含む何人もの歴史学者が、彼の考察を延長して、非常に長期間のプロセスで、精神のカテゴリーが、そしてより深くは、個人におけるあらゆる心理上の経済がどのように変化したのかを理解しようと試みてきました。精神分析の対象を歴史化することはできるだろうか、という疑問を抱えながらです。あなたはこうした視野は可能だと思いますか？　あなたの分析は現代社会における評価や認識や行動図式を生むハビトゥスを中心としているため、非常に長期間のプロセスという概念は、あなたの普段の仕事では用いられません。非常に長い期間を対象とする視野が目的論的であり、あまりに巨視的であり、現実の複雑さをある意味で圧倒してしまうため、あなたはこれを拒絶しているのでしょうか？　それとも単に、あなたの仕事の対象が、歴史的な側面を持っているとしても、本質的には現状として構成されている界《シャン》、つまりある瞬間の、利害や対立項や軌跡によって規定された社会空間に置かれている以上、長期間にわたる歴史を要求しないためでしょうか？

ブルデュー　非常に難しい問題です。マルクス主義、ポストマルクス主義の時期に全盛を誇り、私見ではいまだに歴史学者と一部の社会学者を誘惑している大きな傾向的法則に対して、私が方法的、方法論的な一種の疑問と不信とを抱いているのは確かです。私が教え込もうとしている職業上の反射的行動のひとつは、前／後というタイプの比較に対する警戒です。一九四五年よりも一九四〇年のほうがよかった、それはより民主主義的か、それともより民主的でないか？　これが学校システムのなかでの典型的な例です。完全に異なったふたつの構造を対象にしている事実を度外視して、民主化という誤った問題設定をめぐって言い争っています。たとえば、それぞれの構造のなかで絶対視されている労働者の息子の統計上の比率にしても、同じ意味を持ってはいません。

私は口を酸っぱくして、このような比較や、さらには特定の傾向を持つ大きな法則を警戒するよう忠告しています。ヴェーバーにおける合理化のプロセスや、ある側面においてエリアスが発展させた、国家の独裁による物理的暴力のプロセスです。私はそこにまさしく目的論の危険があると考えるからですし、記述的なものを説明的なものに変えてしまう傾向があると考えるからです。フーコーの「監禁」の概念もそうです。これらのような、私に少しばかり不満を感じさせる概念が存在します。

こうは言いましたが、エリアスの問題体系は、結局のところこれらの問題体系のなかで私に最も親近感を感じさせるのだとも言えそうです。なぜなら彼は実際に、進化史的社会心理学の基盤の上に、現実の大きなプロセスを据えたからです。まず最初に物理的暴力（私なら象徴暴力も加えますが）があり、その次に、あらゆる種類の権力を独占する国家の形成のプロセスがあります。たとえば、学校システムは、誰が知的で誰が愚かかを明言する権利の独占という意味で、並外れた発展です。このプロセスは、私がハビトゥスと呼ぶもの、また、あまり判然としない危険な語ではありますが、歴史家が心性と呼ぶものに影響を与えずにはいないのです。

現在、もっと具体的に、抑圧が形成される社会環境に関して、また別の問題が存在します。私は――この点でも、またもやエリアスがスポーツを例に見事に素描していますが[49]――スポーツのような間接的な指標を用いて、特定の社会における暴力の合法状態を分析するつもりです。物理的暴力と同様に、象徴暴力、侮辱など、暴力をあらゆる形態において研究する予定ですから、これは非常にいい計画だと思っています。クラヴリーとラメゾンがおこなったような非常に興味深い研究も見出されるでしょう(50)。彼らは農民社会で常にある種の暴力がはたらいており、これらの社会におけるメカニズムの大部分は、こうした象徴的暴力や物理的暴力の重要性を把握しない限り理解できないことを示しました。カビリアでも同じことが言えます。人を侮辱するためには命を賭す必要さえある社会であるということが理解できなければ、名誉の文明を理解することは絶対にできません。たとえば、もし誰かを侮辱するたびに命をかけねばならないのなら、知識人たちの生き方はまったく違ったものになるでしょう。象徴的殺人は別にしての話ですが……

(49) Norbert Elias, « Sport et violence〔スポーツと暴力〕», *Actes de la recherche en sciences sociales*, décembre 1976, n°6, p. 2-21.
(50) Élisabeth Claverie et Pierre Lamaison, *L'Impossible Mariage. Violence et parenté en Gévaudan*〔不可能な婚姻——ジェヴォーダン地方における暴力と血縁〕, Hachette, 1982.

ハビトゥスと「界《シャン》」

シャルチエ　もうしばらくスポーツの話を続けましょう。スポーツの例は、破壊を伴わずに対立し、命を投げ出さずに対立することを可能とする条件と、ハビトゥスの変容とはなにかを理解するのに役立ちそうですから。同時にあなたのもう一つの基本的なコンセプトである「界《シャン》」の概念も明らかにしてくれます。あなたは、最初に、ハビトゥスの働きは内在的な性質にのみ依存するのではないと言いましたね。それが効力を発揮する場に関わっていて、もし界《シャン》が異なれば同一のハビトゥスも違う効果を生むということでした。この界《シャン》の概念は、非連続性を想起させるのではないでしょうか。ここには名目論の問題が出てきます。つまり、科学的な文脈に限らず、私たちは使用する言語のなかに、制度や対象や実践をあらわす語を必要とします。同じ語であっても、その普遍性の背後には、示される対象それぞれ特有の形態があります。このことは、政治的なものは常に存在していたにせよ、私たちの理解する意味での政治は、ある種の争点の形成、ある種の公共空間の形成に歴史的に立ち返るという事実からも明らかです。スポーツも同様です。マヤ文明から現代まで、肉体がぶつかり合う身体の鍛錬は存在しますが、スポーツの空間と現在定義されるものは、ある瞬間、一八世紀末のイギリスで生まれました。

このように、行為者が占めている場所や、社会的軌跡、競合を位置づけることが可能な程度まで統合された社会空間が出現する条件を分析するという点で、歴史学と社会学の問題意識は完全に混ざり合います。

ブルデュー　ここもまた、私がエリアスに接近し、乖離している部分です。エリアスは私よりも連続性を意識しています。たとえば、スポーツの場合、多くのスポーツ史家がしているように、古代オリンピックから近代オリンピックまでの系譜をつくりあげるのは危険だと思います。その見かけの連続性は、一九世紀の「ボーディング・スクール」(51)、学校システム、スポーツをする場の形成による大きな断絶を隠してしまいます……。別の言い方をすれば、スール〔膨らませた豚や牛の膀胱を相手チームのゴールに入れる中世の競技の一種〕のような儀式的な競技とサッカーには、なんの共通点もありません。完全な断絶です。そして――さらに驚くべきことですが――芸術家を扱う場合も問題は同じです。ミケランジェロとユリウス二世〔システィーナ礼拝堂の天井画をミケランジェロに依頼した教皇。在位一五〇三―一三〕は、ピサロ〔フランス印象派の画家。一八三〇―一九〇三〕とガンベッタ〔フランスの政治家。一八三八―八二〕の関係と同様だと語られがちです。実際には、そこには数々の大きな断絶、ひとつの断続の生成があります。スポーツの場合には、

(51) イギリスのパブリック・スクールの寄宿学校。

寄宿学校などとの関連で、断絶はかなり急激でした。

シャルチエ　イギリスの、一八世紀と一九世紀の境の時期ですね。

ブルデュー　そうです。一方で芸術界に関しては、いまだ構成が完了していない世界だという印象を受けます。始まりはクワトロチェント〔一四〇〇年代、初期ルネサンスから盛期ルネサンスの時代〕か、もっと前かもしれません。その後少しずつ、連続的な修正のように、芸術家の特質が創り出されていきます。絵画の値段以外に、作品の価値という基準が創り出されます……芸術界がそういうものとして本当に機能し始めるまでには、実際のところマネまで、印象派の革命まで待つ必要があります。別の言い方をすれば、本当に芸術家について語れる世界が存在するまでには、ということです。文学の分野でも同じことができると考えます。逆説的ですが、フロベール以前には、芸術家はいなかったと言えそうです。少し大げさな言い方ですが、これは歴史家にショックを与えるためです。ミケランジェロが芸術家であるなどと言うのはアナクロニズムだと私は考えています。もちろん、歴史家たちも愚かではありませんから、自問はします。ですが、彼らが自問するときに用いる語は、「職人《アルティザン》はいつ芸術家《アルティスト》に移行したか？」といった感じで、私に言わせれば愚かです。実際には、職人から芸術家への移行などはありません。経済の規範、つまるところごく普通の製造の規範に沿ってものを製造する人々のいる世界から、経済世界の内側で孤立した裏返しの経済世界へと移行するのです。そこでは市場もないままに制作がおこなわれ、制作するためには、もし生涯にひとつの作品も売るつもりがなければ、生き延びるためのかなりの資本を持っている必要があります。これはマラルメ以降のほぼ全ての詩人に当てはまります。分析をもっと長く展開させるべきでしょうが、一八八〇年以前の時期に芸術家や作家の概念を遡行的に投影する際には、私たちはまったく信じられないような不正な語の使用をすることになるのです…… その途端、ある一人の人物の誕生の問題ではなく、その人物が芸術家として存在できる、ある場所の誕生の問題が見えなくなってしまいます。

シャルチエ エリアスを読むことで、歴史学者と同様、社会学者にも権力の行使の形式や、さまざまな界《シャン》の段階的な構築に国家が果たした役割について考えてもらえるとは思いませんか。社会史や精神史のようなある種の歴史、あるいは、それぞれの界《シャン》をそれらが組み込まれている包括的な社会の総体から切り離して記述することに執着しているある種の社会学が忘れてしまったような役割です。この点について、彼の著作はおおいに妥当であると思います。これらの界《シャン》は、それらが一種の発現であったにせよ（たとえばメセナの時代の「芸術的」実践の場合です）、もしくは一九世紀のように政治の領域の外部に置かれた、比較的独立した場所から構築されたためであったにせよ、いずれにせよ国家との関係で構築されるのですから。

ブルデュー この点に関しても、エリアスと私の意見は異なります。私は彼がヴェーバー主義者だと思っていますが、実際のところ、あなたが彼の見解だと見なしているものは、ヴェーバーの見解です。エリアスの長所を削るわけではまったくありません。ある偉大な知性によってかつて生み出された図式を、再び完全に機能させるというのも、それだけでおどろくべき学問的行為なわけですから。もしあらゆる知識人が、学問における先達と同程度の高みにいるのなら、学問は、少なくとも社会科学は、違った状態にあるでしょう。国家という考えから始めても、国家の本当の役割を見出すことはできない、と私は考えています。たとえば、私が研究を試みた芸術界のなかでは、印象派の革命は国家に対して――つまりアカデミーに対して――、また国家とともになされたものでした。別の言い方をすれば、国家の問題は、私が思うに、経済界からは独立した関係にある世界がどのように機能するかを理解しなければ、問うことができないのです。そのときの国家はメタ闘争の場、複数の界《シャン》での権力をめぐる闘争の場です。非常に曖昧ですが、それでも私はこう言えそうです。その闘争とは、たとえば、住居の価格や定年を変更する法律を手に入れることです。それは界《シャン》をまたにかけた闘争ですが、力関係を変化させるものとなります。

第5回　マネ、フロベール、ミシュレ

界《シャン》の創設者、マネ

シャルチエ　近年のあなたの展開は、ちょっと予想外の方面に向かっているようですね。特にフロベールやマネ、美学界、文学界、絵画界が結晶するに至る過程を示す仕事です。個人性や、より高尚な対象へとこうして戻ってきたのは、人々が社会学に、とりわけあなたのしてきたことに長らく認めてきた性質、つまり退屈な数量化、複雑な統計、重要でない物事への興味といったものを払拭するための努力なのでしょうか？　食物の摂取やありふれた趣味《グー》と同様、ほとんど識別《ディスタンゲ》されることのなかった事物と取り組み、識別《ディスタンクシオン》に関する本を著した人物が、もっとも正統的な対象へと向きを変えることで、これまでの仕事を正当化しようと模索しているのでしょうか？　もはや仕事の「識別《ディスタンクシオン》」ではなく、対象の「識別《ディスタンクシオン》」を選んでいるのであれば、あなたがこれまで提示してきたいくつかの分析に、ご自身が従ってしまっているのではありませんか？

ブルデュー　ある種の人々は、年をとったせいだ、社会的に認められたいからだと言うに違いありませんね……　もっとも、これは学者の変化に関する普遍的な法則です。老化は生物学的現象などでは全然ありません。ごく頻繁に、権威付けには対象の変化が伴います。ある界《シャン》で権威が高まれば高まるほど、世界的規模の野心を抱く権利を持つのです。例えば、学者はしばしばセカンド・キャリアとして哲学者となります。私の場合は、このケースにあてはまらず、そこに導かれたのは私の仕事の当然の帰結だと感じています。あなたの挙げたリストにハイデガーを加えても良さそうですね。彼もまた中心となるべき思想家です。実際、マネ、フロベール、ハイデガーはそれぞれ、もし番付をつくるならば、あらゆる画家のなかで最も画家、あらゆる作家のなかで最も作家、あらゆる哲学者のなかで最も哲学者と見なせるでしょう。では、こうした物事を研究するようになった理由とはなんでしょうか？　私をそこに導いたのは、私の仕事の、とりわけ、界《シャン》が生成されるプロセスを理解する研究の、ごく当然の帰結だと思います。フロベールとマネの場合は、実際、界《シャン》の創設者とみなされるべき人物だと思います。

いちばんはっきりしているマネの例を取りあげましょう。かつてアカデミズムの絵画、国家の絵画が存在していました。国家の画家、官吏たる画家がいたのです。絵画における彼らの役割は、――悪意はありませんよ――哲学における哲学教授の役割と同じです。つまり画家としてキャリアを積み、選抜試験で採用され、試験に向けて準備する学生たちのクラスを担当している人々でした。そこには――グランド・ゼコールの準備学級と完全に同質な――新入生いじめ、均等化、愚鈍化、選抜といったまったく同じ手続きがありました。そこにひとりの人物があらわれます。それがマネです。彼はこうした学校を経ていますが、これは極めて重要な事実です。このことをヴェーバーが、古代ユダヤ教に関する本のなかで付随的に述べています[52]。預言者が祭司のあいだから現れることは常に忘れられている、異端の偉大な創始者とは、通常は博士たちの世界で話されていることを、市街に出て告げる預言者である、と。マネはこのケースに含まれます。彼はクチュール（半ばアカデミズムの画家です）の生徒でしたが、すでにクチュールのアトリエで悶着を起こし始めていました。モデルの座らせ方を批判し、古代風のポーズを批判し、あれやこれやを批判し……　それから、彼はまったく尋常でないことを始めます。ちょ

（52）Max Weber, *Le Judaïsme antique*, traduction Isabelle Kalinowski, « Champs », Flammarion, 2010〔ドイツ語原著一九二〇年、内田芳明訳『古代ユダヤ教』、上下巻、岩波文庫、二〇〇四年〕.

うど、初めて受けた高等師範学校の入学試験で落とされた受験生が、大学の世界でわれわれがよく知るように、この制裁を宿命的な不幸として受け入れるのではなく、高等師範学校に対して異を唱えはじめるようなもので、彼は世界に異を唱え、彼自身の陣地に立ってそれに立ち向かいます。これは異端の創始者の問題ですし、教会に対抗して新たな正統の原則を、つまり新たな趣味《グー》を表明する分派の指導者の問題です。問題は、この趣味《グー》がどのようにして現れたかを問うことです。彼の資本や、彼の出自や、彼の家族といったマネの側面に、とりわけ彼が関係している社会、彼の友人たちになにかがあるのでしょうか？　私のする仕事は、不思議なことにいかなる歴史学者もけっしてしなかった仕事、枝葉末節にこだわるやり方です。ひとつのまったく本質的な問題を解こうと、私はマネの友人たちの世界を研究し、マネの妻――ピアニストで、シューマンを弾いていました。当時においては前衛的です――の友人たちの世界を研究しています。大学の制度やアカデミズムの制度のような、ある制度の外に飛び降りる人は、虚空に飛び降りるのです。

はじめて入学試験を受ける受験者のドラマを引き合いに出したのは、聴取者のみなさんの多くが、直接の知人ではなくとも、少なくともこうした経験をした人を知っているからです。入学試験のはじめての受験者の問題は、入学試験を課している制度に異を唱えるという考えを浮かべることすらできない、ということです。そんなことは頭をよぎりもしません。もし考えたなら、虚無のなかに放り出されてしまいます。マネはそこからこう考えます。「私がアカデミズム絵画を描かなければ、私が存在しなくなるとでもいうのか？」と。人々は「あいつは遠近法を知らない！」と言うことでしょう。遠近法を知ってはいるが、それをわざと尊重しないのだと証明するためにはどうしたらよいか？　こうした問題――異端の創始者の孤独、破門に対抗するために大胆さを持たねばならないという事実――を解決するために、マネが資源として持っていたもの、これを精神的資源と呼んでもいいのですが、実際のところは、彼の友人たち、彼の芸術上の交友といった社会基盤なのです。これが私のしている仕事です。私は最も個人的なところを突き詰めます。マネの特殊性、彼の両親との関係、彼の友人たちとの関係、彼の交友関係における女性たちの役割……　そして同時に、私は彼が身を置いていた空間を、近代芸術のはじまりを理解するために研究します。いまや、人々はずいぶんモダニズムについて語っていますね。以前は、近代芸術とはなにかということを問題にしたものですが……

近代芸術界の定義

シャルチエ　そうですね。ですが近代芸術は、絵画作品を生産する界《シャン》の創出とまったく同じではありません。界《シャン》の構成全体は、近代芸術を生み出さない人々の立場も含んでおり、必然的に他の原因にも帰せられるものです。それともあなたの考えは、マネが体現する突発的な事件が、さまざまな立場が対立項として共存できるように立場の総体を再構成した、それが起こった場所が新しいなにか、まさしく絵画界《シャン》の内部だったということですか？

ブルデュー　私の話を修正してもらいましたが、そのとおりです。私は、孤独な、締め出された、一匹狼の革命家という、まったく古典的なヴィジョンを与えてしまったようですね。非常にまずいやり方でした。実際は、あなたの言ったとおりです。マネは、そこでは誰が画家でなにが絵の正しい描き方だと、もはや誰一人言うことのできない世界を創りあげます。大げさな言葉で言えば、ひとつの統合社会〔monde sociale intégré〕とは、アカデミーによって統治されている社会であり、そこには「ノモス」〔nomos〕が、つまり基盤となる法と区分の原則があります。ギリシア語の「ノモス」は、分割する、共有するという動詞「ネモ」〔nemo〕に由来します。わたしたちが社会適応の過程で獲得するもののひとつは、男性／女性、湿った／乾いた、熱い／冷たいなどの区分《ディヴィジオン》の原則で、これは同時に見方《ヴィジオン》の原則でもあります。うまく統合された、アカデミックな世界は、「こいつは画家だ、こいつは画家ではない」と言明します。「営業認可済」だから、国家が画家だと言うから、画家だと保証されているから、画家なのです――アカデミーとはそういうものです。マネが衝撃を与えた日以来、もはや誰一人、誰が画家であるとは言えません。別の言い方をすれば、ノモスから無秩序状態《アノミー》へと、つまり正当性について戦う正当性を誰もが持っている世界へと移行します。もはや「私は画家だ」と主張する人は、「いや、おまえは画家ではない、私は、私の正当性の主張の名において、おまえの正当性に異議を唱える」と言う誰かに遭遇せずにはいられないのです。

シャルチエ　あなたにとって、それが近代芸術界の定義ですか？

ブルデュー　そうです。そして学問界もこのタイプです。正当性が問題となる世界ですが、正当性についての闘争があります。ひとりの社会学者は、社会学者としてのアイデンティティに異議を唱えられる可能性を常に持っています。ですから、界《シャン》が進むほど、その特定的資本は蓄積され、そして、ある画家の正当性に異議を唱えるには、画家の特定的資本を持たねばならないのです。例として、絵画を問う現代のコンセプチュアル・アート——カンバスを引き裂くことからそれは始まりました——の画家のラディカルな異議申し立ての形式を見てみましょう。単純な偶像破壊者とは違って、絵画を適切に、絵画的に問うためには、彼らは絵画の歴史について卓越した知識を持っていなくてはなりません。ある芸術家によって達成された特定の偶像破壊は、芸術界の技巧的なコントロールを前提としています。これはパラドックスですが、ある界《シャン》が存在するようになった時点から、このパラドックスは始まっているのです。「この画家はうちの三歳の息子の絵みたいな絵を描く」と言ってしまうような素朴さは、界《シャン》とはなにかを知らない人に典型的です。別の一例は、彼自身が素朴であった税関吏ルソーの例です。ですが素朴さは、界《シャン》があってはじめて目に見えるもので、宗教界があってはじめて宗教的素朴さが見えるのと同じです。彼は「他人のために」画家となった人物、他者のための画家です。ピカソやアポリネール、その他もろもろの人物が、絵画界から彼を捉えることによって、税官吏ルソーを画家にしました。しかし彼自身は、彼のしていたことを知らなかったのです。税官吏ルソーと対照をなすのはデュシャンであり、彼は、結局、ほぼ完璧なやり方で――完全に意識的なやり方であったという意味ではありませんが――芸術界の法則をコントロールして、無秩序《アノミー》の制度化がもたらすあらゆる資源を利用した最初の人物です。

シャルチエ　ですが、もし同様の観点を社会科学の形成に適用すると、ある分野の分野としての形成は、あなたがいま視覚芸術の生産界を描き出したような界《シャン》の形成と同じということですか?

ブルデュー　そこにゲームと、ゲームの実践のルールがなくてはいけません。ひとつの界《シャン》はゲームによく似ていますが――ホイジンガがゲームについて語ったことの多くは界《シャン》にも当てはまります――、大きな違いのひとつは、界《シャン》には基本的な法則とルールはあっても、そのルールを明示する立法者《ノモテート》も、決定機関も、スポーツにあるような連盟もないことです。つまり、内在的な規則、罰則、検閲、抑圧、報償、これらすべてが確立されていないままに存在しているのです。

たとえば、芸術界は、あらゆる界《シャン》のなかでもっとも制度化されていないという特徴を持っています。評価を確立する決定機関が相対的に少ないのです。ビエンナーレを引き合いに出してももちろんかまいませんが、学問界や大学界に比べれば、芸術界は相対的に制度化されていません。

それはともかく、哲学を例にとれば、――これはハイデガーのケースですが――誰かが「ナチス的」と呼べる思想とともに哲学ゲームに参加しようとすれば、その手続きが意識的に進められていなくとも、その世界を動かしている諸法則の総体に従うことを強いる界《シャン》があらわれます。例えば「反ユダヤ的」は「反カント主義」になるでしょう。結局、そこにあるのは調停なのです。ハイデガーが登場した時期、カントは合理論の文脈では、ユダヤ人に擁護されていたからです。興味深いのは、この種の錬金術を界《シャン》が強制する点です。もし私が、ナチス的な事柄を言わねばならず、哲学者として認められるやり方でそのことを言うならば、私はハイデガーがナチスだったかどうかを知ることがなんの意味も持たなくなる程、発言を変質させなくてはなりません。彼がナチスだったのは事実ですが、興味深いのは、彼がナチス的な事柄をいかに存在論の用語法で語ったかを確認することです。

界《シャン》以前の界《シャン》

シャルチエ　あなたの話は、なんでも単純化してしまう軽卒さから抜け出る助けになりますね。歴史学者は、社会的立場や社会構造の分析から、文化的生産物や文化的実践の分析へと移行するとき、他の人々と同様か、ときには他の人々以上に、生産物と立場を直接関係づけるという一種の簡略化をおこなってきました。生産されたものと生産をおこなった個人とを非常に機械的に結びつけるという個人レヴェルのときもあれば、集団レヴェルのときもあります。「ポピュラー・カルチャー」の形式に関する数多くの議論は、こうした無思慮な関係づけのなかで膠着状態にあります。ですから私は、「翻訳」や「媒介」といった、ある言語やあるシステムのなかで新たに公式化された概念が、界《シャン》の現状によって押しつけられることこそが、決定的な寄与になると考えています。

ですが私は、ハビトゥスの概念に関して話し合ったときと同じ疑問を、「長期持続」という概念について感じるのです。界《シャン》以前の界《シャン》をどう扱うか、という問題です。ある時点で思考される内容を、どのようにして、ある共通の空間のなかで構成され組織された言葉遣いで捕捉できるでしょうか？　その共通の空間が――そこで占められるポジションが互いに完全に矛盾しているにせよ対立しているにせよ――、まだ存在していないというのに？　「社会学」の対象となるであろう社会についての言説の場合を挙げましょう。私はいまモリエールについて、特に『ジョルジュ・ダンダン』〔モリエールの戯曲。一六六八年初演〕についての仕事をしています。一七世紀における演劇は、やがて社会学的知見において他の言語や他の形式で構成される社会のプロセスを求めようとするひとつの手段と言えます。このことを言うのは、先駆者という概念――ひとつのギャラリーを構成して、そしてモンテーニュ以降、あるいはそれ以前から、「これが社会学の祖先というものだ」と言うような、この少しばかりばかばかしい考え――に戻るわけではありません。この考えはなんの意味もありません。その反対に、どんな言説のタイプをとおして、やがて科学界や、今の場合では社会学の対象そのものとして構成される対象が見られているかを理解しようとすること、そのことに意味があります。

ブルデュー　まったくその通りです。またしても、あなたの言ったことがたいへん助けになります。モリエールに加えて、一九世紀の小説という別の例を挙げましょう。一般にはバルザックが社会学の祖と言われます。そもそも彼は社会学者を自任し、そのように主張していました。実際には、私にとっては、社会学の生みの親、小説家のなかでもっとも社会学者であったのは、フロベールです。彼は同時に形式的小説の生みの親なのですから、驚くべきことです。かつて、とりわけヌーヴォー・ロマンの小説家とその批評家によって、有名な「私が書きたいのは、何について書かれたのでもない小説です」という言葉を引き合いに、フロベールを目的のない純粋小説、形式を重んじる小説等々の生みの親と認定するための努力がありました。私の考えでは誤った努力ですが。実際には、フロベールはあらゆる小説家のなかで、社会学的にもっともリアリストであり、それはとりわけ『感情教育』のなかにおいて、またとりわけ彼が形式を重んじたがゆえに、そうなのです。まったく同様のことが、形式の探求が同時にリアリズムの探求でもあったマネについても言えるでしょう。そして形式主義とリアリズムとの二律背反は、これもまたばかばかしい二律背反です。フロベールの場合、形式的探求は社会に関する想起《アナムネーシス》の機会であり、社会に関する抑圧された記憶への回帰でした。純粋小説、「物語を語る」だけではない小説へと向かう純粋に形式的な探求のおかげで、フロベールはひとつの仕事を――塗炭の苦しみを味わいはしましたが――成し遂げたのです。彼自身の社会の経験を「吐き出す」ことと、もっとも見事な歴史的分析に匹敵するような、彼の時代における支配層の客観化によって構成されている仕事です。

　私が最初に『感情教育』の分析をしたとき、何人かの友人にそれを送りました。ある哲学者は、フロベールが提示するブルジョワ社会のヴィジョンは社会学的に根拠があるのか、と私に尋ねました。これは難しい問題です。このような分析を生み出していることを、フロベール自身は完全には知らなかったのだと私は思います。ここで形式の問題が出てきます。これは同時に彼自身についての仕事であり、彼に小説を書かせているなにかに関する客観的な真実を生み出すという、社会分析の仕事でもありました。人々は「フロベールはフレデリックに自分自身を投影している」などと軽率に言います。フロベールがフレデリックでしょうか？　フロベールは、社会のなかで自分と同じポジションを占めているひとりの登場人物、だが同じポジションを占めてはいても小説を書くには至らないひとりの登場人物の小説を生み出していたのです。いくらでも発展させることができるでしょう。社会学のあらゆる機能、想起《アナムネーシス》の役割、社会分析、小説と科学的言説の関係といったあらゆる問題を生み出します。

ある疑問が私を考え込ませます。フロベールの読者、フロベールの愛好者に対して、彼らが微塵も疑問を差し挟まない『感情教育』の内容を、私が図式化して社会学の言語に翻訳すると、彼らが激高するのはなぜなのでしょう？　彼らが「素晴らしい」と受け止めているものが――私は『感情教育』は文学的興奮をもっとも刺激する小説のひとつだと思っています――学問的言説の平板な、対象化の形式に再翻訳されると、なぜ彼らは嫌悪感をもよおすのでしょうか？　私はこうした体験をするには及びませんでしたが。二〇年前ならば、私が現在提示しているような分析の多くは、反発を受けたに違いないと思っています。

いずれにせよ、このことは対象化の形式について考えさせます。界《シャン》の状態に応じて、対象化の形式は違ってくるでしょう。あまり複雑にならないように、比喩を使うことにしましょう。

政治界が宗教界といまだ区別されていない状態での内戦の場合です。そのとき、農民の戦争が同時に宗教戦争でもあるような、ある種の重苦しい闘争があります。それが政治的か宗教的かと問うのはばかばかしいことです。唯一の土壌が宗教である以上、政治界がそれとして構成されていない空間の限界ぎりぎりまで政治的なのです。同様に、あなたが『ジョルジュ・ダンダン』について示したように、モリエールは社会学的な対象化の形式をつくれると思います。ブルジョワと貴族の対立関係、階級システムの闘争などです。フロベールは検閲システムの状態と、小説というもっとも政治的なジャンル、特別なジャンルに関連した特有の検閲状態のなかで、限界ぎりぎりのことを言っています。

社会学の文体と歴史学の文体

シャルチエ　そうですね。限界ぎりぎりのことを言うか、さもなければ別のことを言うかです。わたしたちが提示した、書き方の問題に戻りましょう。あなたのすべての話を通すと、文学的な書き方に関してノスタルジックな魅惑があるようです。文学的な書き方はおそらく、インパクトを持ち、いかなる社会学の、もっとも完璧で成功した書き方よりもずっと強い力で、あなたが目指す対象を語ることができます。おそらく、ここに界《シャン》の状態に関連する問題があるのではないでしょうか。ある瞬間、社会学的な言説がそれ自体として構成されないとき、文学は――もしくはほかの象徴的な創造物は――土壌のすべてを占有することになります。文学は文学であると同時に、どこかしら社会学です。競争、競合、対立といった状況に人々が陥った瞬間から、社会学は劣った言説として非難される可能性があります。なぜなら、対象が共通であっても、社会学は文学のそれのような、もっとも正当な言語には還元されないからです。おそらく、同じ言説が、自分自身が変わったのではなく、語られた界《シャン》自体が変わったことによって変わる、そんな一例が見つけられると思います……

ブルデュー　まったくそのとおりです。つけ加えることはありません……

シャルチエ　ですが、「社会学」としての文学に話を戻すと、あなたはフロベールになりたいと思うことはありませんか?

ブルデュー　どちらとも言えません。ある種のノスタルジーがあるのは明らかです。つまり、フロベールがフロベールであり、なぜ彼がフロベールにしかなれなかったのか（それだけでも途方もないことですが）という理由を社会学的に理解できること、なぜそう望んでいたにもかかわらず彼が社会学者になれなかったのか（このことは忘れられがちです。彼は同時に言語と形式の先生になりたいと思い、それに加えて――彼の資料整理の作業で一目瞭然ですが――彼は社会について真実を語りたがっていたのです）、それを知ることは、言説を夢見ることを妨げますし、その言説は実際、精神に異常をきたした言説です。ある意味では、小説家フロベールは彼がしたいと望んだことを完全にはできなかったのだと私は思います。彼は、彼が社会について言っていたことを、彼が自分自身に言わなかったような、彼が心のなかでそれを認めなかったようなやり方で言ったに過ぎません。おそらく彼は社会の真実に耐えることができなかったからでしょう。彼はそれを耐えられる形にする、つまり形式化することでようやく提示できたのです。私はよくこんなことを言われます。「だが結局、あなたがた社会学者は、小説家に遅れをとっているじゃないか」。たとえば、私はフォークナーは大衆の言語をえがく素晴らしい小説家だと思います。驚くべきことに思えるでしょうが、大衆の言語――インタヴューで使うような――のようなものがどこで見つかるか、という話を私がしなければならないとしたら、こう言います、フォークナーのなかに、と。一時的な構造の理解、物語の構造の理解、言語の使用の理解といったものにおいて、小説家が先んじているとしたら、それは大部分、形式にあてはめる仕事をするにあたって、彼らが現実から距離をとっているためです。彼らは形式のピンセットで現実に手を加えます。そうすると突如として、彼らはその現実に耐えられるようになるのです。一方で社会学者が我慢ならない存在なのは、社会学者が物事をそのままに、形式化せずに口にするからです。形式の違いはすべてであり、同時にまたなんでもないことです。この事実は、私が『感情教育』の図式化を実践した変容が、なにも変えておらず、かつすべてを変えてしまっていることを説明しています。否認から生まれたゆえに魅力的だったなにかを、我慢ならないものにしてしまいます。これは、理解しないままに理解し、すべてを理解する受け手による再・否認であり、「火遊び」の魅力を持っています。その火は社会に関する火で、誰も知りたがらないなにかなのです。

シャルチエ　文体の様式と学問分野の関係は、分野によって異なるように思います。意識的であるなしに関わらず歴史学は、問題の焦点は同じではないというのに、文学的構成をやすやすと借り受けて、簡単に語りや物語の形式に落とし込みます。社会学においては、問題の焦点は対象そのものとの距離です。これが違いをかたちづくっています。

ブルデュー　このことで、ときどき友人の歴史学者たちをからかいたくなります。彼らは文体や、美しい形式に執着していて、これは正当ではありますが、そのために学問の進展には必要不可欠な、概念のごつごつした無骨さがしばしば犠牲になります。美しい物語を気にかけるのは、非常に大事なことです。なぜならそれは想起の効果をも持っていて、学問の対象を構築する方法のひとつは、それはやはり感じさせること、眼前に浮かばせること、私はあまり好みませんが、ほとんどミシュレ的な意味で想起させることだからです。構造を想起させる！　奇妙に思えますが、それが歴史学者の機能のひとつです——即座の直感を抽出しなければならない社会学者とは逆です。社会学者は、選挙の開票日について説明したいと思えば、読者がそれをよく知っていることを知っていますから、省略して本題に入ります。歴史学者は、クリュニー会の修道士について説明したいと思えば、森を想起させたりするでしょう。そこに美しい文体の働きがあります。ですがしばしば、歴史学者たちは形式の美しさにあまり身を任せ過ぎているように私には思えますし、そのために歴史学者は、最初の体験や、美学的な執着や、対象との関係に見出す喜びなどとの断絶を完遂することができないのです。

シャルチエ　そうですね。歴史的行為者たちがそれぞれの場所を占めるような理解の形式への回帰によって、その傾向は強められ、このことは歴史家に、行為者たちの生を再び繰り返すという誘惑を与えます。歴史家はこうして死んだ人々の復活を請け負うことになり、その物語のなかで人々はふたたび存在することになります。この点において、ミシュレを参照することが効果的であり、なおかつ不可欠です。ですが、こうした参照はまた、構造と個人を、地位とハビトゥスを関連づけるあなたの仕事にとっては障害になりかねませんね。

第II部

社会学のための弁明

ピエール・ブルデュー
（加藤晴久訳）

講義についての講義

Pierre Bourdieu, *Leçon sur la leçon*, Éditions de Minuit, 1982

コレージュ・ド・フランス就任講義
一九八二年四月二三日（金）

講義というものは、たとえ就任講義であっても、いかなる権利があってその講義をおこなうのかと自問する必要のないものであるはずです。大学とかコレージュ・ド・フランスとかいう制度《アンスティテュシオン》が、そのような問いを無用なものにしてくれるからです。また、なにごとであれ、ものごとの始めには恣意性があるものですが、その恣意性に由来する不安をも取り除いてくれるからです。そもそも就任講義とは新任者を受け入れ信認する儀礼ですから、権限を委譲する行為を象徴的におこなう行事です。この儀礼を経て、新任者は権威をもって話すことを認可されます。そして彼の言葉《パロル》は、その権利をもつ者が発する正当な談話《ディスクール》として制度化《アンスティテュエ》されるのです。この儀礼がもつまさに魔術的な効力は新任者と先任者たちのあいだの目に見えない暗黙の交換にもとづいています。新任者は自分の言葉を公の場で披露し、そこに居並ぶ先任者たちは、このように一堂に会することによって、新任者の言葉は、学界のお歴々が傾聴しているのであるからには、万人に受け入れられるべきものであること、すなわち当該の学界の権威が発する言葉であることを保証するわけです。就任講義についての就任講義というお遊びをあまり長く続けるのはいかがなものかと思いますので、この辺にいたします。いずれにせよ、社会学というものは制度についての学問、また、制度との幸福な関係、あるいは不幸な関係についての学問ですが、ある越えがたい距離、ときとして耐えがたい距離を前提していますし、またそうした距離を作り出します。しかもこれは制度に対する距離だけの話しではないのです。社会学は、幸せな気持ちで制度の期待を満たすことを可能にしてくれる純真無垢の状態からひとを引き離してしまうものなのです。

認識の主体を客体化する

たとえ話《パラボル》であるのかパラダイムであるのかはともかく、講義についての講義には、すなわち談話行為のさなかでみずからを省みる談話には、すくなくともひとつの利点があります。わたくしが考える社会学の根本的な特性のひとつを想起させるという利点です。それは、この社会学という科学が言表するすべての命題はこの科学を実践する主体に適用されることができるし、また適用されるべきであるという特性です。社会学者がこの客観《オブジェクティヴァント》（体）化する距離、したがって批判的な距離を導入することができないときには、社会学者のうちにテロリスト的な異端審問官、ありとあらゆる象徴的警察行為をはたらきかねない異端審問官をみてとる人々を正当化することになってしまいます。ふだん自分をさまざまな集団に結びつけている縁故と愛着を破棄することなしに、所属関係に付きものの諸信条を棄てることなしに、あらゆる連結・系列関係を否認することなしに、社会学に参入することはできません。そういう次第ですから、いわゆる庶民階級〔peuple〕出身で、いわゆるエリートに成り上がった社会学者は、ポピュリストな庶民観（これにだまされるのはこういう庶民観を主張する当のご本人だけです）を、また、エリート主義的なエリート観（これにはエリートである人々もそうでない人々もだまされます）を告発することによってはじめて、社会的違和感がもたらす特別な明哲《リュシディテ》さを獲得することができます。

科学者が社会のなかに組み込まれていることを科学的社会学の構築に対する乗り越えがたい障害と見なすひとは次の事実を忘れています。社会学者は、さまざまな社会的決定とたたかう武器を、まさにそれら社会的決定を明らかにする、したがって彼に自覚させる科学である社会学のなかに見出すのであるという事実です。社会学の社会学は、実践されつつある科学に対してすでに実践された科学の成果を動員することを可能にする学問なわけですが、社会学的方法の不可欠の道具です。われわれは、自分が受けた科学的訓練をもってのみでなく、それとおなじくらい、その訓練に逆らって科学を——とりわけ社会学を——実践するのです。そして、歴史のみがわれわれを歴史から解き放ってくれるのです。それゆえ、ジョルジュ・カンギレーム氏〔一九〇四—九五〕とミシェル・フーコー[*1]氏に代表される歴史的認識論のすぐれた伝統のなかで、無意識の科学としても構想されるべきであるという条件付きのうえでの話ですが、社会科学の社会史は、歴史からみずからを引きはがすためのもっとも強力な手段のひとつになるのです。

＊1 Michel Foucault (1926-84)　哲学者。一九七〇年、コレージュ・ド・フランス教授。

社会科学の社会史こそが、現在のなかに生き続けている身体化された過去の束縛から、（さまざまな知的流行がそうであるように）現れた瞬間からすでに過去になってしまう現在の束縛から、われわれを引きはがしてくれるのです。わたくしは教育制度と知識人世界の社会学をもっとも重要視していますが、それはこの社会学が——考えうるものの範囲を画定し、考えられるものをあらかじめ決定するところの考えられることのなかった諸思考カテゴリーに（他のすべての反省的分析よりもずっと直接的に）気づかせることによって——認識主体を認識することに寄与するからです。エリート校なるものはみずから選んだ学生生徒たちをいわれのない満足感という魔法の環のなかに閉じ込めてしまいますが、そうしたなかで、成功した教育というものがどんなに多くの諸前提、諸検閲、諸欠落を無自覚なまま受けいれさせているかをお考えください。

認識の社会史的批判

認識論的批判は社会的批判と切り離すことができません。古典的社会学とわたくしの社会学の違いを明らかにするために次のことを指摘したいと思います。それは、「分類の諸未開形態」[*2]の著者デュルケーム（一八五八—一九一七）は『フランス教育思想史』のなかで教育制度の社会史を提唱しながら、また、そのために必要なすべての道具を提供していながら、これを教員的悟性の諸カテゴリーの生成論的《ジェネティック》社会学として構想することはけっしてなかったということです。公共の物事、すなわち政治の運営は学者たちに委ねるべしと説いていたデュルケームですが、社会的な事柄を考える指導者という自分の社会的位置について、その位置を対象化して考える距離をとることがむずかしかったからでありましょう。おなじことですが、労働運動と、その内外の理論家たちと運動の関係との社会史のみが、マルクス主義を信奉する者たちがマルクス〔一八一八―八三〕の思想を、とりわけその思想がどのように社会的に使用されたのかを、マルクス自身が創始した知識社会学の試練にかけなかったのはなぜかを理解させてくれるでしょう。歴史的・社会学的批判が、経典の神学的・テロリズム的使用を完全に断念させてくれることは望むべくもないとしても、もっとも明哲で勇気のあるひとたちをドグマ的睡眠から目覚めさせ、延々と繰り返される釈義の魔術によって霊廟のえせ永遠性を保証された諸理論と諸概念を、科学的実践のなかで、検証する気にさせてくれるよう期待します。

＊2 「分類の諸未開形態」« De quelques formes primitives de classification » はデュルケームがマルセル・モースと連名で『社会学年報』六号（1903）に発表した論文。『フランス教育思想史』*L'évolution pédagogique en France*, PUF, 1938

「社会学者=王」の誤謬

わたくしのこの批判的問いかけは、もちろん、かつて威風堂々たる教授方の自信〔certitudo sui〕の拠りどころとなっていた学校制度の変容を観察して試みているわけですが、いまはやりの反制度的気分に迎合しているものと理解されるのは心外です。至上の位置から見わたすことの誘惑はあやまちの常なる根元ですが、批判的検討はこのあやまちをまぬがれる唯一の方法として必須であると考えています。諸階級、諸地方、諸国民のあいだの境界を云々する権利、社会階級なるものが存在するかどうか、存在するとしたらいくつか、あれこれの社会階級――プロレタリアート、農民、プティット・ブルジョアジー――は、あれこれの地理的単位――ブルターニュ、コルシカ、オック地方――は実在《レアリテ》なのか虚構《フィクシオン》なのかを、科学の権威をもって、言う権利が自分にあると社会学者が主張するとき（社会学者にこの権利を認めるひとたちもいますが）、彼は、太古の「王」〔rex〕がもった諸機能をその身にになった、あるいは不当に自分のものにしたことになります。バンヴェニスト[*3]の説明によれば、rex とは「境界をさだめる」〔regere fines〕、そして「聖なるもの（規則）を定める」〔regere sacra〕権力を付与されていた者のことです。ピエール・クルセル氏[*4]を偲んでさらにラテン語の話しをしますと、ラテン語には rex ほど威信はありませんが、今日の現実により近い語があります。**censor**「監察官」です。社会世界《ル・モンド・ソシアル》の諸区分《ディヴィジオン》を人々の意識のなかと事物のなかに実存させることのできる発言を制定する〔constituer〕権力を所有する身分です。「監察官」は市民を彼らの財産によって分類するという技術的作業——census〔調査〕——の責任者であり、科学者の判断よりは裁判官の判断に近い判断をする主体です。ジョルジュ・デュメジル氏[*5]を引用して言えば、「(人間、行為、意見などを)ヒエラルキー階梯のなかの、それぞれにふさわしい場所に——その場所がもたらすすべての実際的結果とともに、しかも、正しい公的評価によって——位置づける」という作業です。

分類闘争

諸神話学の野心、社会秩序の恣意的諸区分《ディヴィジオン》を、そしてまず分業《ディヴィジオン・デュ・トラヴァーユ》を理性にもとづかせるという野心、そうすることで人間の分類という問題に論理的解決あるいは宇宙論的解決

＊3　Émile Benveniste (1902-76)　言語学者。一九三七年、コレージュ・ド・フランス教授。

＊4　Pierre Courcelle (1912-80)　古代哲学史家。アウグスティヌスの研究で知られる。一九五二年、コレージュ・ド・フランス教授。

＊5　Georges Dumézil (1898-1986)　比較神話学者。一九四九年、コレージュ・ド・フランス教授。

をもたらすという野心と縁を切るためには、社会学は社会世界の正当な表象を独占するための闘争を（その虜になるのではなく）対象にしなければなりません。この分類《クラスマン》闘争はすべての類《クラス》闘争、年齢の類、性の類、社会階級の類間の闘争のひとつの次元です。人類学的分類《クラシフィカシオン》は、それがそれぞれの場所に置く――あるいは置き直す――諸対象が分類をおこなう主体であるという点で、動物学的ないし植物学的分類学《タクシノミー》と異なります。分類される対象が分類する主体であるということは次のような事態です。寓話でイヌやキツネやオオカミがイヌ科の分類について、また、種の成員として認められている動物のあいだの変異の許容範囲について発言権をもったらどうなるでしょうか。また、もろもろの属《ジャンル》と種《エスペス》のヒエラルキーにおける順位を決めるために採用された諸特性のヒエラルキーが餌とかいろいろなご褒美にアクセスするチャンスを左右するような性質のものだったらどうなるでしょうか。人々にある本質を割り当てることによって、本来的に彼らに帰属するものであれ、また帰属するものをなせ、と命じようとする哲学者＝王は慨嘆することでしょうが、分類された者たち、不利な分類をされた者たちは彼らにいちばん悪い場所を指定した分類原理を拒否するかもしれません。歴史を振り返れば明らかです。ほとんど常に、判断し分類する権力の独占をめざす者たち、それでいながら、支配的な分類のなかで、すくなくともいくつかの面で、不利に分類されている者たちの指導の下においてこそ、被支配者たちは正当な分類の束縛を振り切ることができるのです。そして社会世界を知覚するための社会的諸カテゴリーという身体化した諸限界からみずからを解放することによって、みずからの世界観を変革することができるのです。

社会学的認識の二つの側面

でありますから、正当な分類学を構築し認知させるための闘争に不可避的に参加している自分を発見することと、この闘争の科学を、より高次の段階に移行しつつ、自分の対象とすることとはおなじことであります。分類闘争の科学とはすなわち、この闘争に参加している諸制度――学校制度とか調査・社会統計の公的諸機関とか――の機能の仕方と諸機能とにかんする認識です。分類闘争の空間を――そしてその空間における、またその空間に対する社会学者の位置を――ありのままに考えることは、社会学を相対主義のなかに解消してしまうことにはなりません。たしかに、社会学者はもはや、唯ひとり、真理がどこにあるかを告げる資格のある（常識的な言い方ですと、唯ひとり正しい）公正な審判または神のごとき観客ではありません。社会学者を公平な審判、神のごとき観客と見なすことは、客観性を、正しいあるいはまちがっているという判断を公平にばらまくことと同一視することに他なりません。社会学者とはそうではなく、他でもない、真理を賭金＝争点〔enjeu〕とする諸闘争の真理を語ろうと努力する者のことです。

たとえば、階級、地方、国民の存在を肯定する者たちと否定する者たちのあいだにあって、どちらかに軍配を上げるのではなく、この闘争固有の論理を明らかにし、力関係の現状と力関係の変化のメカニズムとを分析することによって、それぞれの陣営のチャンスを測定する努力をするわけです。現実の真の表象を広く認知させるための諸闘争——記録作業の対象となしうるような現実として現実をつくることに寄与する諸闘争——の真のモデルを構築すること、これが社会学者の仕事です。ジョルジュ・デュビィ氏[*6]の仕事ぶりはまさにこのようなものです。デュビィ氏は三身分の図式、すなわち歴史科学が封建社会を考える際に通例もちいている分類システムを、歴史家の仕事の議論の余地のない道具として受け入れるのではなく、歴史的分析の対象にしているのです。その結果、制定する《コンスティテュエ》権力の独占をめざす諸集団（司教と騎士）の闘争の賭金＝争点であると同時に所産であるこの区分原理が、それが考えることを可能にした現実そのものを作りだすのに寄与したのであることを発見したのです。おなじようにして、さまざまな社会階級の諸属性あるいは諸意見について社会学者がある時点において確認することがらは、いや、この確認をおこなう際に彼がもちいなければならない諸分類基準そのものも、象徴的諸闘争——階級の存在と定義を賭金＝争点とし、階級をつくることに現実に寄与した象徴的諸闘争——の産物なのです。これら過去の象徴的諸闘争の現在の到達点は過去の諸社会学がおよぼした理論効果をかなりおおきく反映しています。とりわけ労働者階級を、と同時に他の諸階級をつくるのに寄与した諸社会学です。これらの社会学は労働者階級が革命的プロレタリアートとして実存することを労働者階級自身と他の人々に信じこませることに寄与したのです。社会科学が進歩するにつれて、また社会科学が普及するにつれて、社会学者たちは彼らの対象のなかに実在化している過去の社会科学とますますひんぱんに出会うことを覚悟しなければならないのです。

記述の陥穽

しかしながら、政治闘争が予見あるいは単なる確認に演じさせる役割を考えれば、社会学者が、どんなに記述という作業に徹しようとしていても、指示〔*prescrire*〕している、あるいは指弾〔*proscrire*〕しているという嫌疑をつねにかけられてしまうことが理解できるでしょう。日常生活において、何について話すときでも、つねに、なんらかのプラスアルファを言っているのがふつうです。それはものの道理にかなっている／かなっていない、正常だ／異常だ、許され

＊6　Georges Duby (1919-96)　中世史学者。一九七〇年、コレージュ・ド・フランス教授。三身分の図式 le schème des trois ordres とは「祈る者たち」「戦う者たち」「働く者たち」の三形象。

る／許されない、祝福されている／呪われている、などなどと。名詞には暗黙の形容詞が、動詞には無言の副詞が付加されていて、是認したり、あるいは断罪したり、存在し存続するにふさわしいものとして制度化したり、あるいは罷免したり、降格したり、信用を失墜させたりします。そのため、科学の言説を裁判の論理から引き離すのは容易ではありません。ひとはとかく、科学の言説を裁判の論理のなかで機能させ、科学の言説を断罪する自由を手に入れようとさえするからです。たとえば、文化的にもっとも貧困な人々の高尚な文化に対する関係についての科学的記述が、民衆を無知に運命づける陰険なやり方、あるいは文化との無縁を復権したり賞揚したりする、そして文化的諸価値をぶちこわすひそかなやり方であると理解される可能性がおおいにあるのです。説明する努力、科学の仕事はこれなのですが、この努力が正当化の、いや免罪のひとつのやり方と見えてしまうというにいたっては、まさに何をかいわんやです。強制収容所の拷問や暴力はもちろんですが、ライン労働の奴隷性、あるいはスラム街の貧困を前にして、山々を前にしたヘーゲル〔一七七〇―一八三一〕とともに、「しかくあり」[*7]と言うこともできますが、これは犯罪的共犯の意味合いを帯びてきます。社会世界が問題となっているときに、権威をもって、すなわち予見するという認知された能力が付与する見させる・信じさせる権力をもって、存在を言表することほど非中立的なことはありませんから、科学がおこなう諸確認は政治的な有効性を不可避的に発揮します。しかもこの有効性は科学者が望んだのではない有効性である可能性があるのです。

認識と非認識

ですが、社会学がたとえば社会的再生産の諸法則を提起すると、社会学的分析はひとをしらけさせてしまう脱呪術化的ペシミズムだ、あるいは動員解除的効果につながる、と嘆くひとたちがいますが、このひとたちは、物体落下の法則を確立したことで空飛ぶ夢を失わせてしまったといってガリレイ〔一五六四―一六四二〕を非難したひとたちとおなじです。文化資本は文化資本に向かう、という法則のような社会法則を言表することは、その法則が予見する効果――文化資本の場合ですと、この資本がもっとも欠如している子どもたちを学校から排除するという効果――を発揮させる諸状況のなかに、オーギュスト・コント〔一七九八―一八五七〕の言う「諸変化要因」[*8]を導き入れる可能性を提供することです。それら自体はきわめて微力ではあっても、

＊7『ベルン・アルプス紀行』の一七九六年七月二八日の項で、単調な山塊の連なりを見てヘーゲルが記した感懐。

＊8 コントは、『実証哲学講義』のなかで、「変化要因」les éléments modificateurs を声明して「科学は予見、予見は作用をもたらす」と説明している。

諸メカニズムの結果をわれわれの願いの方向に変化させることができるかもしれない諸要因です。どんな場合でも、メカニズムを認識することはメカニズムを操作することを目的とする行動の諸条件と諸手段を見定めることを可能にしてくれます。このことからして、蓋然的な事柄を宿命として扱う社会学主義を拒否することはいずれにせよ当然だ、ということになります。もろもろの解放運動が証明しています。一定程度のユートピア主義は、場合によっては神経症的とも言えそうな魔術的な現実否定であるユートピア主義、現実主義的確認を実際的に否定するための政治的諸条件を作りだすことに寄与しうる、ということを。しかしとりわけ、認識〔la connaissance〕は、それ自体で、ある効果、わたくしには解放的と思われる効果を発揮します。それは、認識によってその諸機能法則が明らかにされた諸メカニズムがその有効性の一部を非認識〔la *méconnaissance*〕に負っている場合です。すなわち認識が象徴的暴力の根元におよんでいる場合です。暴力の特殊な形態であるこの象徴的暴力は認識主体に対してのみ作動します。認識主体の認識行為は部分的であり、また偏向しているため、支配の真の根元の非認識と裏腹である支配の暗黙の認知〔*re*connaissance〕を秘めているのです。社会学がなぜ、いつも、その科学という地位に疑いをはさまれるのか、とりわけ、自分の象徴的駆け引きを続けるために非認識の暗黒を必要とする人々から異を立てられるのか、ご理解いただけるでしょう。

知識人社会学

大所高所から見下ろす誘惑をどうしても退けなければならないのは、まさに、科学の世界そのものを、より広く言えば、知識人の世界そのものを科学的に考える場合です。知識人社会学を根底的に考え直さなければならなかったのは、そこに賭けられている諸利害と同意されている諸投資の重要性からして、知識人が闘争の論理から免れることがきわめて困難であるからです。誰もが闘争の論理のなかにあって、自分の敵手の（社会学主義丸出しの）社会学者になります。同時に、真理を争うすべての社会的闘争を規制する相互的盲目と相互的明敏の法則にしたがって、自分自身のイデオローグになります。しかしながら、ゲームをゲームとして把握することによってはじめて、すなわち、それ固有の諸賭金＝争点、諸規則、諸規則性、また、そこでおこなわれる諸投資、そこで充足される諸利害をともなったゲームとして把握することによってはじめて、知識人は理論的表象の構成要件である距離によって、またその距離をめざして、ゲームの外に出ることができるのです。また同時に、決定された、また決定する諸賭金＝争点と諸投資をかかえつつ、ゲームの決定されたある場所に位置している自分を発見することができるのです。科学性をどんなに主張しようとも、客観化の作業は――それが発出される視点を、したがってゲームの総体を無視する、あるいは見ることを拒否する限り——部分的、したがってまちがいであり続けるほかありません。ゲームをゲームとして構築すること、すなわち、客観的諸位置の空間——個々の位置を占める者たちが他の諸位置と、それらの位置を占めている者たちとについてもつことができる視像《ヴィジオン》の根元である空間——として構築することは、闘争に参加している諸行為者がおこなう、多かれ少なかれ手荒い還元的な諸客観化作業を科学的に客観化する手段を獲得することです。そしてまた、それら客観化作業の実体はある集団の部分的真理を諸集団間の客観的諸関係の真理として強制することをめざす象徴的諸戦略であると見てとる手段を獲得することです。さらに、それはまた、共犯者でもある敵対者たちが、彼らを競争者として構成するゲームを知られないようにしておくことで、本質的なこと——すなわち、ゲームに参加しているという事実に結びついた諸利害と、その事実に由来する客観的な共謀関係——を覆い隠すという点で一致していることを発見することです。

科学界のメカニズム

限界のない思考にアクセスさせてくれるよう限界についての思考に期待すべきでないことはあまりにも明らかです。それはマンハイム〔一八九三―一九四七〕が定式化した「束縛も根もないインテリゲンチア」[*9]という幻想を、つまり、絶対知の野心の歴史的代替物である社会的飛翔の夢想を別の形で復活させることです。とはいえ、科学社会学のあらたな成果のひとつひとつは、社会学的思考を社会的に決定する諸要因についての認識を増大させることによって、したがって、おのれ自身の実践に対して、また競争者たちの実践に対して社会的諸決定要因がおよぼす効果に各研究者が向ける批判の有効性を増大させることによって、社会学という科学を強化することにつながります。科学は科学的批判が強化されるたびに強化されます。すなわち、使用可能な諸武器の科学的質が強化されるたびに、同時に、科学的に勝利するために、科学の諸武器を、また科学の諸武器のみを使用する必要性が強化されるたびに、科学は強化されます。科学界《シャン》は、まさに、他の界とおなじく闘争の界です。しかしこの界では、競争によってかき立てられた批判的諸性向は蓄積された科学的資源を動員することができてはじめて充足されるチャンスをもつことができます。どんな科学でも、進んでいればいるほど、つまり、大きな集合的成果をそなえていればいるほど、科学闘争への参加にはより多くの科学資本を所有していることが必要になります。つまり、科学革命は科学的に貧しい者たちではなく、豊かな者たち

＊9　マンハイムは『イデオロギーとユートピア』で、「党派を超えた科学的政治」を構想できるのは「束縛のない、自由に浮遊している」存在であるインテリゲンチアである、と主張している。

の仕事なのです。このような単純な法則から次のことが理解されます。それは、歴史横断的な社会的所産、すなわち、科学的真理のように、それらの社会的生産諸条件から相対的に独立している所産は特殊な社会的背景、すなわち今日の物理学や生物学の界のような社会的界の歴史性から出現してくるということです。言い換えれば、社会科学は端から端まで歴史的である理性、それでいて歴史に還元できない理性のパラドクサルな進歩を説明することができる、ということです。真理が存在するのは、真理が闘争の賭金＝争点だからです。しかしこの闘争が真理に導くことができるのは、科学の諸武器を使用することによってのみ、そうすることで科学的真理の進歩に協力することによってのみ敵手に勝利することができる、という論理にこの闘争がしたがっているときのみなのです。

自立（律）的社会学の敵対者

この論理は社会学にも妥当します。社会学の（すでに膨大な）成果を自分のものにすることが、すべての参加者に、またすべての参加志望者に、実際に要求されるならば、この学問を汚すようなある種の行動は社会学の世界から消え失せることでしょう。しかし、この社会世界で、誰が、社会世界についての自立（律）的な科学が存在することに利益を見いだすでしょうか。いずれにせよそれは、科学的にもっとも貧しい者たちではありません。この人たちは、外部のあらゆる諸勢力との同盟関係のうちに、社会学界内部の競争から生まれる諸拘束と諸制約に対抗する支援ないし報復を求めるよう構造的に傾向づけられています。ですから、つねに、政治的告発のなかに科学的批判の安易な代替を見いだすのです。かといって、自立（律）的な社会学の存在に利益を見いだすのは、現世的な、あるいは宗教的な権力の所有者たちでもありません。この人たちは、真に自立（律）的な社会学のうちに、もっとも手強い競争相手しか見いださないからです。現世的な、あるいは宗教的な権力の所有者たちは、とりわけ、社会学が法律を制定するという（他律性の根元に他ならない）野心を捨てて、否定的な、批判的な、すなわち自己に批判的な、ということはつまり科学の濫用のすべて、科学の名において犯される権力濫用のすべてに批判的な権威をみずからのものとして掲げるときには、敵意を露わにしてくるのです。

予言主義／エッセー主義／個別主義

科学の一分野としての社会学の存在はたえず脅威にさらされている、ということをお分かりいただけるでしょう。社会学には、政治化することで科学的厳密さを曖昧にする可能性に由来する構造的脆弱性があります。ですから、社会学は、その消滅を欲する諸権力に対してとおなじくらい、それに過大な期待を寄せる諸権力に警戒しなければなりません。社会からの要求は常に圧力や命令、あるいは誘惑をともっています。社会学に対してなしうる最良の奉仕は、おそらく、社会学になにも要求しない、ということです。「傑出した古代ギリシア・ローマ学者であるかどうかは、その人物はある種の事柄は書かない、ということから分かる」とポール・ヴェーヌ氏[*10]は言っています。自分たちの学問の境界を乗り越えよ、とたえず勧誘されている社会学者については、なんと言うべきでしょうか。毎日のように予言を垂れて即座に賞賛を得る、こうした振る舞いを断念するのはそう容易なことではありません。見て見ぬふりをするにしくはありませんが、沈黙とは定義からして気づかれることのないものですから、えせ科学の無益な空騒ぎの横行を許してしまいます。こうして、社会哲学への野心とエッセイ主義――何にでも口を出し、何にでも答えをもっているエッセイ主義――の誘惑を退けるどころか、現状においては科学がはじめから無力な諸領域に口出しをすることにうつつを抜かす者たちも出て来ます。また逆に、こうした行き過ぎた弊害のうちに、微に入り細を穿つ個別的記述の非の打ちようのない慎重さがしばしば秘めている責任放棄を正当化する言い訳を見出す者たちも出て来ます。

使命でもルサンチマンでもなく

社会科学は正当化あるいは世論操作の手段にしようとする社会の要求を拒否することによってはじめて成立します。社会学者は任務とか使命は持っていません（そのことを嘆くことはありえますが）。あるとすればそれは、みずからが進める研究の論理にしたがってみずから課する任務あるいは使命です。（本質的には詐取によってなのですが）庶民階級〔le peuple〕のために、つまり庶民階級の利益になるように語る、また、庶民階級に代わって語る権利がある、あるいは義務があると考える者たちは、（わたくしにもあったことですが、たとえそれが庶民階級について語る者たちの人種差別主義、悲惨主義《ミゼラビリスム》、あるいはポピュリスムを告発するためであったとしても）、なおもおのれ自身のために語っているのです。あるいは少なくとも彼らはなおもおのれ自身について語っているのです。彼らは、そうすることで、最良の場合（たとえばミシュレ[*11]ですが）、想像のレベルでみずから

＊10 Paul Veyne (1930-)　古代ローマ史家。エコル・ノルマルでブルデューと同期。一九七五年、コレージュ・ド・フランス教授。

＊11 Jules Michelet (1798-1874)　歴史家。一八三八年、コレージュ・ド・フランス教授。第二帝政期、一切の公職から追放される。

庶民となることによって庶民から社会的に切断されているゆえの苦しみを和らげようと努めているわけです。ここでちょっと余談を挟みますが、いまわたくしがそうしたように、もっとも「純粋な」行為あるいは言説を、学者や芸術家、社会活動家の行為あるいは言説を、それらが生産された社会的諸条件と生産者たち固有の諸利益とに関連づけるように、社会学者が教えるとき、社会学者としてはただ単に、嫉妬と苦々しい思いにとらわれた人々を魅了する還元と解体の底意を奨励しようとしているのではなく、ルサンチマンの厳格主義、いやテロリズムからその客観的・主観的な無謬性を取り去る手段を提供しているつもりなのです。社会的リベンジの欲求がその代償としての平等主義の要求に転換される結果として生まれるルサンチマンです。

集合的防衛メカニズム

社会学者は歴史的に位置づけられた歴史的行為者です。社会的に決定された社会的主体です。その社会学者をとおして、歴史は、すなわち歴史が生き続けている社会は、ひととき、みずからを振り返り、みずからを考えます。そして社会学者をとおして、すべての社会的行為者は自分がなにであるかを、また、自分のなすことを、少しよく知ることになるのです。しかし、まさにこの任務をどうしても社会学者に委ねたがらない者たちがいます。非認識《メコネサンス》、否認《デネガシオン》、知ることの拒否と利害を共にしているすべての者たちです。社会世界を語らない、あるいは語っていることにならないような形でしか語らないすべての言説を、ごくすなおに、科学的言説と進んで認めるような者たちです。この種の否定的要求は、例外は別にして、明白な検閲という形で表明される必要はありません。厳密科学は諸自明性との決然とした断絶を前提としていますから、通俗的思考、あるいはブルジョア的良識が型どおり自然に作用するままにしておけば、なんでもござれのエッセイ主義の反論しようのない高論、あるいは公式科学の半可通な高説が生み出されてきます。社会学者が発見に努める物事のかなりの部分は自然科学が明らかにしようとする物事とおなじような意味で隠されているのではありません。社会学者が露わにする諸現実あるいは諸関係の多くは目に見えないものではありません。あるいは、ラカン〔一九〇一―八一〕おなじみの盗まれた手紙[*12]のパラダイムで言えば、「丸見え」であるからこそ見えないのです。たとえば文化行動や文化的選好とそれぞれが受けた家庭教育との統計的関係です。真理を明らかにし、明らかにした真理を認知させるために必要な作業はさまざまな集合的防衛メカニズムに直面します。まさにフロイト〔一八五六―一九三九〕的な意味での否認《デネガシオン》を押し出してくる防衛メカニズムです。心的外傷を引き起こすような現実を認知することの拒否は防衛すべき利益の

＊12　ラカン「《盗まれた手紙》についてのセミネール」『エクリI』所収。

大きさに比例しますから、文化＝教養《キュルテュール》の生産・再生産の否認された諸条件を露わにする諸分析が文化資本の所有者のうちに引き起こす抵抗反応の激しさはよく理解できます。なにしろ、唯一性と先天性の概念でみずからを考えるように訓育されてきた者たちに、そのような分析はひたすら共通性と後天性を発見させるわけですから。この場合、自己認識は、カント〔一七二四―一八〇四〕が述べたような意味で、「冥府への旅」[*13]です。プラトン〔前四二八―三八四頃〕の「エルの神話」[*14]によると、霊魂たちは忘却をもたらすアメレース河の水を飲んでから、それぞれ自分が選んだ生を生きるために地上に戻ってきます。それら霊魂とおなじで、文化＝教養《キュルテュール》人たちは、生成過程《ジュネーズ》の記憶を喪失しているからこそ、この上もなく純粋な文化的享受を経験することができるのです。この記憶喪失のおかげで彼らは彼らの文化＝教養《キュルテュール》を自然の賜《ドン》として生きることができるのです。この論理、精神分析には馴染みの論理のなかで、文化＝教養《キュルテュール》人たちは、彼らの生存条件である決定的な誤りを弁護するため、また、正反対なものを練り合わせたアイデンティティを救うためには、あえて矛盾をも辞しません。フロイトが『機知』で語っている鍋の偽論理《パラロジスム》[*15]の一形態を使って彼らは、科学的な客観化に対して、不条理だ、自明のことだと同時に非難するわけです。要するに、月並みだ、下品だ、と非難するのです。

社会学的真理

社会学の敵対者たちは、集合的否認《デネガシオン》の否定《ネガシオン》を前提とし、この集合的否認の否定を生産する活動が存在すべきであるかどうかを問う権利はあります。しかし、その活動の科学的性格に彼らが異議をとなえることができる根拠はどこにもありません。社会世界についての全体的知に対する社会的需要は存在しないことはたしかです。科学的生産の界の相対的自立(律)性のみが、そしてその界で生み出される固有の諸利益が、科学的生産物、すなわち、多くの場合、批判的である生産物——どんな需要よりも先進的な生産物——の供給の出現を可能にし推進してくれます。科学の立場、これは今やますます啓蒙《アウフクレールング》の立場、脱迷妄化《デミスティフィカシオン》の立場ですが、その科学の

＊13『道徳形而上学』でカントは、おのれの心の深淵を、そのもっとも奥底まで検証する義務を説き、その結果得られる自己認識が叡智の第一歩であると述べている。「自己認識のうちにあるのは、神の域に導きうる冥府への旅に他ならない」。

＊14 プラトン『国家』で語られている神話。

＊15 AがBに鍋を借りた。鍋を返すとBは穴が空いていて使い物にならなくなったと訴訟を起こした。Aは以下のように弁明した。「一、わたしはBに鍋を借りたことはない。二、Bがわたしに鍋を渡したとき、すでに穴が空いていた。三、わたしは鍋を無傷の状態で返した」。

立場を鼓舞するにはデカルト〔一五九六―一六五〇〕の一節を引用するのがいちばんです。マルシアル・ゲルー[16]が好んで引用していた一節です。「わたしは人々が誤った想像にふけって間違うことに努めるのを承認しません。ですから、たとえそれがわたしたちに不利なものであっても、真理を知らないよりは知る方がより完成に近づく道と理解して、心が沈むことになっても、より多くの認識を得る方がよいと考えます」[17]

社会学は自己欺瞞〔self-deception〕を明らかにします。集合的に維持され奨励される、おのれ自身に対する虚偽です。どんな社会でも、この虚偽が、もっとも神聖な諸価値の根底に、それゆえに社会生活全体の根底にあるのです。マルセル・モース[18]とともに社会学は「社会は常におのれの夢想という贋金を自分につかませている」と教えています。それはすなわち、老化しつつある諸社会の偶像を破壊するこの科学は、少なくとも、われわれが――あらゆる形のフェティシズムの根元にある諸メカニズムについての認識と意識を前進させることによって――多少なりとも社会という自然の主人かつ所有者になることに貢献しうるということです。わたくしがここで想起するのはもちろん、この点で大きな功績のあるレイモン・アロン[19]が「世俗宗教」〔religion séculière〕と呼んだもののことです。この国家教〔culte d'état〕は国家に対する崇拝〔culte de l'État〕であり、それ固有の世俗的祝祭、市民的式典をもっています。また国民的《ナショナル》な、あるいは国家主義的《ナショナリスト》な諸神話をもっています。これらが人種差別主義的な軽蔑や暴力を誘発したり正当化したりするのです。このような国家教は全体主義国家だけのものとは限りません。わたくしがまた想起するのは、芸術と科学に対する崇拝です。芸術や科学は、代替の偶像として、ある程度、文化資本の不平等な分布の上に成り立っている社会秩序を正当化することに手を貸すこともありうるのです。いずれにせよ、社会科学に少なくとも期待できることは、社会科学が魔術の誘惑を後退させてくれることです。自己に無知な無知というあの傲岸〔hubris〕、自然世界《モンド・ナチュレル》との関係からは追放されたけれども、社会世界《モンド・ソシアル》との関係では生き延びているあの傲岸を後退させてくれることです。蒙昧な善意やユートピア主義的主意主義に対する現実のしっぺ返しは手厳しいものです。ある傲慢な社会科学なるものを錦の御旗にして推進されたあれこれの政治的事業の悲劇的な運命がまさに、社会世界の仕組みを知らずに社会世界を変革しようとする魔術的野心は高慢な無知が破壊した諸メカニズムの「慣性的暴力」を、ときにはより非人道的な別の暴力によって置き換えることを想起させてくれます。

＊16　Martial Guéroult (1891-1976)　哲学史家。一九五一年、コレージュ・ド・フランス教授。
＊17　デカルトの一六四五年一〇月六日付、ボヘミアのエリザベート王女宛書簡。
＊18　Marcel Mauss (1872-1950)　社会学者、人類学者。一九三一年、コレージュ・ド・フランス教授。「贈与論」（一九二五）のなかの句（*Sociologie et anthropologie*, PUF, 1966 所収）。
＊19　Raymond Aron (1905-83)　社会学者。政治評論家。一九七〇年、コレージュ・ド・フランス教授。

唯名論と実在論の不毛な対立

社会学は他の諸科学とおなじような科学になるのがきわめて難しいという特殊性をもつ科学です。それは、知ることの拒否と天賦の知という幻想とが、対立するどころか、研究者のうちにも実践家のうちにも完全に共存しているからです。言語のうちに書き込まれている諸前提をとおして、あるいは社会問題に関する日常的言説のルーチンに内在する先入観をとおして、要するに研究者と社会世界とのあいだに絶えず発生する語の霧をとおして、科学的言説のうちに忍び込んでくる実際的諸確信を解消することができるのは徹底的に批判的な性向あるのみです。一般に、言語は関係よりはモノを、過程よりは状態を、より容易に表現します。たとえば、誰かについて、彼は権力をもっていると言うこと、あるいは、今日、誰が現実に権力をもっているかを問うこと、それは、権力をある人々がもつ、維持する、譲り渡す実体、モノと考えているということです。それは、（政治学のある古典[*20]のタイトルに従って言えば）「誰が統治しているか」を、あるいは誰が決めているのかを明らかにするよう科学に求めているということです。それは、権力が実体としてどこかに存在することを認めた上で、それが（常識が望むように）上から来るのか、それとも（ドクサをそのままるごと残すパラドクサルな逆転によって）下から、被支配者からくるのかを問うということです。モノ主義の幻想と人格主義の幻想は、対立するどころか、対をなしているのです。そして、個人＝人格、内在性、個別性と社会＝モノ、外在性とのあいだの対立のなかで生み出される偽問題を数え上げたら切りのないことになるでしょう。個人、個人的なもの、個人主義に絶対的価値を認める者たちと社会、社会的なもの、社会主義を優先させる者たちとのあいだの倫理＝政治的論争は、社会的諸現実、集団や制度を客観的実在性のない理論的人工物《アルテファクト》に還元する唯名論と諸抽象物を物象化する実体主義的実在論のあいだの、絶えず再生する、論争の背景になっています。

界と性向

以上のような、科学的に致命的な二者択一を乗り越えるために必要な作業の困難さはどこからくるのか。また社会的に根拠づけられ助長されているがゆえに、ますます共通の思考様式へ向かう集合的退行に対して、この作業を絶えず繰り返さなければならないのはなぜか。それはひとえに、日常的思考が産出する諸対立——そこに表現される諸集団間の諸対立の力でますま

＊20 Robert Alan Dahl（1915-2014 イエール大学教授）の *Who Governs?* (1961)

す強化される諸対立――が自己充足的な強靭さをもっているからです。社会的事実を関係としてよりはモノあるいはヒトとして扱う方が易しいわけです。フェルナン・ブローデル氏[*21]は長期持続の歴史現象を分析しました。クロード・レヴィ＝ストロース氏[*22]は親族体系や象徴体系のような手強い対象に構造的思考様式を適用しました。この二人の仕事は素朴《スポンタネ》歴史哲学と通常の社会世界観との決定的な断絶を画していたわけですが、にもかかわらず、個人と構造との関係をめぐるスコラ的な議論に帰着してしまいました。とりわけ、古くさい二者択一の強力な影響のもとで、下部構造史と事実史の対、マクロ社会学とミクロ社会学の対を乗り越えるのではなく、伝統的な歴史学が扱っていた対象すべてが出来事的なもの、偶然的なものの領域に、要するに科学の範囲外に排除されてしまったのです。現実的な諸実践のすべてを偶然や神秘に委ねてしまうのではなく、「偉人」をつくる諸性向が生み出され作動する諸社会空間――権力界、芸術界、知識人界、科学界――の構造的な歴史のなかに、経済的あるいは人口統計的下部構造の緩慢で微弱な運動と政治・文学・芸術の歴史の日録《クロニック》が記録する表層的な動乱とのあいだの深淵を埋める手だてを探し求めなければなりません。

界とハビトゥス

歴史的行動、すなわち芸術家や科学者、統治者の行動、また労働者や下級公務員の行動の根元は外在性のなかに構成された客体に対峙するように社会と対峙する主体ではありません。歴史的行動の根元は意識のなかにあるのでも、モノのなかにあるのでもありません。社会的なもの《ル・ソシアル》の二つの状態のあいだの関係、すなわち、諸制度という形でモノのなかに客体化された歴史と、わたくしがハビトゥスと呼んでいる持続的諸性向のシステムという形で身体のなかに取り込まれている歴史とのあいだの関係のなかにあるのです。身体は社会世界のなかにあります。しかしまた、社会世界は身体のなかにあるのです。社会的に成功した行動と、社会世界を自明のものとして生きる通常の経験とは自分が社会世界に現存していることの証しですが、この、学習によって実現される、社会的なものの身体化はそのような社会世界への現存の土台をなすものなのです。

＊21 Fernand Braudel (1902-85)　歴史学者。一九四九年、コレージュ・ド・フランス教授。
＊22 Claude Lévi-Strauss (1908-2009)　人類学者。一九五九年、コレージュ・ド・フランス教授。

個人と社会のあいだの素朴な関係を社会的なものの二つの存在様式、すなわちハビトゥスと界との、つまり身体となった歴史とモノとなった歴史とのあいだの構築された関係によって置き換えること、これこそ通常の社会世界観との決定的な断絶であるわけですが、この断絶を如実に理解させてくれるのは、真のケース分析のみ、じっくりと時間をかけて展開すべきケース分析のみです。たとえば、モネ〔一八四〇―一九二六〕、ドガ〔一八三四―一九一八〕、ピサロ〔一八三〇―一九〇三〕のあいだの関係、レーニン〔一八七〇―一九二四〕、トロツキー〔一八七九―一九四〇〕、スターリン〔一八七八―一九五三〕、ブハーリン〔一八八八―一九三八〕のあいだの関係、さらにはサルトル〔一九〇五―八〇〕、メルロー＝ポンティ[*23]、カミュ〔一九一三―六〇〕の関係の時系列的記録《クロノロジー》を十分に説得的な論理的記録《クロニック》に構成するためには、部分的には独立した二つの因果系列について十分な認識を獲得しなければなりません。すなわち、一方では、これら人物が、より正確には、彼らの持続的な諸性向が生産された社会的諸条件について、他方では、彼らがこれらの諸性向を投入する競争的界のそれぞれ、芸術界、政治界、知識人界について、さらには相対的に自立（律）的なこれらの空間に影響する状況的あるいは構造的な諸拘束について、十分な認識を獲得しなければならないわけです。

個別ケースの一般性

これら個別的な空間のそれぞれを界《シャン》として考えるということは、それら空間のうちに、バシュラール〔一八八四―一九六二〕の用語を使って言えば「可能態の特殊なケース」〔cas particulier du possible〕、もっと端的に言えばある関係構造（つまり界）の、数あるうちのひとつの形状が見てとれるようにそれら空間を構築しつつ、この上もなく綿密な歴史家たちのような仕方で、それら空間の歴史的個別性のもっとも個別的な細部に入り込む手段を手にすることです。ということは、ここでもまた、固有名詞で名指すことができる個別的人格、あるいは、それらを法的人格として構成する記号や略号で名指されると同時に生産される集合的人格のような、目の前に見ることができる諸実在のあいだの、多くの場合目に見えない、あるいは知覚されない関与的諸関係に注意を払わなければならない、ということです。そうすることによって、ある前衛的な評論家と権威ある文学教授のあいだの状況も日付も特定された論争[*24]を、中世におけるアウク

＊23　Maurice Merleau-Ponty (1908-61)　哲学者。一九五二年、コレージュ・ド・フランス教授。

＊24　Roland Barthes (1915-80　一九七六年、コレージュ・ド・フランス教授）とRaymond Picard（1917-58　パリ大学教授）のあいだで展開されたラシーヌおよびヌーヴェル・クリティックをめぐる論争。

トール〔auctor（書く人）〕とレクトール〔lector（読む人）〕の対立、あるいは預言者と祭司の対立を別の形の現れとしてもつ関係の特殊な形態として考えることができるようになります。データを比較と一般化のために構築することを可能にする関与性原理によって導かれるとき、日刊新聞を読むことでさえ科学的行為となりえます。ポアンカレ〔一八五四―一九一二〕は数学を「異なるものにおなじ名前を与える技芸《アール》」と定義しました。おなじく社会学も――数学者の皆さんにはわたくしのこの大胆な同一化をお許し願いたいと思いますが――現象的には異なる物事をそれらの構造と機能においては似ていると考える、そして、ある構築された対象、たとえば宗教界に関して確立されたことを芸術界、政治界などなど、他のさまざまな対象に移転する技芸です。このような理論的帰納法は物的変異のなかの形式的不変異という仮説にもとづく一般化を可能ならしめるわけですが、これは、時として経験にもとづく帰納法ないし直感と同一視されることがありますが、実はまったく異なるものです。社会学は比較的方法を合理的に、また十全に有効的に使用することによって、ライプニッツ〔一六四六―一七一六〕が「拡大するにつれて集中する」と述べた他の諸科学とおなじように、ますます増大する数の対象をますます減少する数の理論的概念ないし仮説で把握することができる科学です。

界を構成する諸関係の構造

通常の社会世界観は目に見える物事のみに執着します。まず個人です。個人は、本源的なイデオロギー的利害とでも言うべきものによってわれわれが結びつけられているもっとも実在的な存在者〔ens realissimum〕と見なされています。そして、集団です。その成員間の一時的ないし持続的な諸関係、非公式ないし制度化された諸関係によって外見的に定義されているにすぎない集団です。さらにまた、相互作用〔interaction〕だと、すなわち現実に取り結ばれた間主観的関係だとされる諸関係に執着するわけです。界にもとづく思考はこのような社会世界観の全面的な変換を要求します。というのも、ニュートン〔一六四二—一七二七〕の万有引力理論が衝突、直接的接触以外の物理作用をいっさい認めようとしなかったデカルト的実在論と断絶することによってはじめて建設されることができたのとおなじように、界《シャン》の概念は、環境の効果を相互作用のなかでおこなわれる直接的作用の効果に還元してしまう実在論的表象との断絶を前提しているからです。界の空間を構成している諸関係の構造こそが、相互作用の目に見える諸関係の形態と、行為者がこれら諸関係についてもちうる経験の内容そのものを決めるのです。

界の機能

　行為者が行動する関係空間（つまり界）を注視するということは、通常言語の通常な、あるいは半可通な使用のうちに、あるいは、政治にかかわる諸論争――善いことについてであれ悪いことについてであれ、なんとしても責任者を見出さなければならない諸論争――と関連する思考習慣のうちに書き込まれている歴史哲学と根底的に断絶するということです。国家、ブルジョアジー、経営者集団、教会、家族、学校といった制度や集団を指す語が、「国家が決定する」「学校は排除する」といった命題の主語となりうる、また、それゆえにそれら自体の目的を措定し実現する歴史的主体となりうるという事実によって生み出される誤謬、欺瞞、あるいは神話を数え上げたら、きりがないことになるでしょう。こうして、厳密に言えば、誰もその意味と目的を考えたことも措定したこともない諸過程、かといって盲目的でも不安定でもない諸過程が、もはや人格として考えられた創造者の意図ではなく、何も説明せず、ごく簡単に、すべてを正当化できる目的因として機能する集団ないし制度の意図との関連において、秩序づけられているということになってしまいます。しかしながら、ノルベルト・エリアス〔一八九七―一九九〇〕の有名な分析『宮廷社会』一九六九〕に依拠して、そうした神学的・政治的見方は、それを裏付けるのにもっともふさわしいように思われるケース、すなわち王政国家──国王自身にとっても「装置」の外観を高度に呈している（〔国家とは予である〕）王制国家——においてさえ正当化しえないことを立証することができます。すなわち、宮廷社会は、絶対権力の所有者自身が──おのれの特権的位置ゆえに、諸力の均衡が生み出すエネルギーの大半を手中に収めることができるときでさえ──そのなかに組み込まれている重力の界として機能しているのです。界に働く永続的な運動の根元は、なんらかの不動の第一動力機関（宮廷社会の場合は太陽王）にあるのではなく、界を構成する構造（王族、公爵、侯爵などのあいだの位の違い）が生み出す、そしてこの構造を再生産しようとする諸緊張関係のなかにあるのです。その根元は、ゲームから下りてしまうのでない限り、界における自分の位置を維持する、あるいは向上させるためにたたかう以外選択の余地のない行為者たちの行動と反行動のなかにあるのです。彼らは、そうすることで、対立的共存から生まれる諸拘束、しばしば耐えがたいものとして生きられる諸拘束の圧力を他のすべての行為者たちに及ぼしているわけです。

国王は、自分が太陽である重力の界に占めている位置ゆえに、すべてが彼に有利に転回するように構造化されている世界の諸利益を手に収めるために、システムをシステムとして欲する必要も考える必要もありません。一般的に言って、すなわち、権力界におけると同様、知識人界においても、宗教界においても、支配層は、第一動力機関という神学的幻想が予測させるよりもはるかに、界の内在的な諸力を生産ないし主導している以上に表現している者たちなのです。これは、重要なポイントです。

ジルベール・ダグロン氏[*25]がいまや古典となった著書のなかで分析しているコンスタンチノープルの円形競技場の例を引くこともできるでしょう。これは、政治界がパラダイム的に実現したものと言うことができますが、これが社会的に制度化されたゲーム空間という形を取っているのはおそらく偶然ではありません。人民は定期的にそこに集められ、帝国の正当性に儀礼的に異議を申し立てる、あるいはその正当性を承認する権限を付与された人民大会を形成するのです。審判者の位置に置かれた皇帝、元老院議員、高級官僚、また、さまざまな分派からなる人民といったすべての社会的行為者たちがそれぞれ指定された場を占めているこの制度的空間は、そこにいる者たちの諸特性と、彼らを対立させる競争と紛争の諸関係とをいわば生産するのです。この閉ざされた空間で、二つの陣営、緑組と青組とが、スポーツ競技の論理と政治闘争の論理を併せ持つ論理に従って儀礼的に対決するわけです。この人民大会という社会形態は、いわば制度化された秩序〔taxis〕であり、それゆえにこの社会形態がたえず生み出す陣営〔tagma〕のいずれに対しても超越的であるわけですが、この社会形態の自立（律）性は、この社会形態が「どんな性質の紛争でも表現できる」、その結果、さまざまな対立に明確かつ恒常的な社会的ないし政治的な基盤を与えようとする努力を無力化するという事実のうちにはっきりと現れています。

界と行為者

この典型的な社会的ゲームのケースが示しているように、社会学は機械《メカニック》工学の一部ではありません。社会的界は諸力の界です。また、これら諸力の界を変革する、あるいは保守するための諸闘争の界でもあります。諸行為者がゲームと維持する、実際の、あるいは思考上の関係はゲームの一部をなしており、ゲームの変革の根元です。宮廷社会、諸政党の界、諸企業の界、あるいは大学界、どんな社会的界であれ、語のいろいろな意味でそこに投資する諸行為者、おのれのもつ資源をそこに投入し、界の賭金＝争点を追求する諸行為者、そして、まさに、他の行為者たちとの対立をとおして界の構造を保守すること、あるいはある種の条件のもとで界の構造を変革することに寄与する諸行為者がいてはじめて機能することができるのです。

さまざまな界が提供する社会的ゲームのあれこれに多かれ少なかれ関わっているのが常です

＊25 Gilbert Dagron (1932-)　ビザンチン研究者。一九七五年、コレージュ・ド・フランス教授。*Naissance d'une capitale. Constantinople et ses institutions de 330 à 451*, PUF, 1974（『ある首都の誕生――コンスタンチノープルとその諸制度　三三〇―四五一年』）。

から、われわれはなぜ行動が存在するのかを問うことをしません。しかしこれは、人間には生来、行動や労働への習性がそなわっていると仮定しないかぎり、自明的なことではないのです。高級官僚が必死になることに研究者は関心を示さない、芸術家のおこなう投資は銀行家には理解できない、といったことは、だれでも経験で知っています。つまり界は、責任ある行為者として行動するように、自分の金と時間、ときには名誉、命を賭けるように社会的に性向づけられている諸個人がいるからこそ機能するということです。彼らは界が提供する賭金＝争点を追求し利益を獲得しようとするわけですが、これら賭金＝争点や利益は別の視点からすると幻想的なものに見える可能性があります。いや、これら賭金と利益は、ゲームへの参入、ゲームへの信奉、つまりイルーシオの根元にある、ハビトゥスと界とのあいだの存在論的共犯関係を基礎にしているのですから、常に幻想的なものであるのです。

行動の動因＝イルーシオ

諸賭金＝争点が生み出されるのはゲームとゲーム感覚の関係のなかにおいてです。そしてまた、この関係のなかで、諸価値が形成されるのです。これらの価値は、ゲームとゲーム感覚の関係の外には存在しませんが、この関係のなかで絶対的な必然性と自明性をもって出現するのです。すべての行動の根元にはフェティシスムのこの原初的形態があります。行動の動力《モトゥール》（動機《モティヴァシオン》と呼ばれることもあるもの）は、素朴目的論者が欲するように行動の物的ないし象徴的目的のなかにあるのでもなければ、機械論者が欲するように界の諸拘束のなかにあるのでもありません。動力はハビトゥスと界の関係のなかにあるのです。この関係こそが、ハビトゥスはハビトゥスを決定するものを決定することに寄与するという事態の元になっているのです。聖なるものは聖なるものの感覚を持っている者にとってしか存在しません。聖なるものの感覚を有すればこそ、聖なるものに出会えば、これを完璧な超越性として経験するのです。どんな種類の価値についてもおなじことが言えます。ゲームへの投資という意味でのイルーシオが、みずからをだます行動という原初的意味での幻想《イリュージオン》になるのは、（パスカル〔一六二三―一六六二〕の言う）「気晴らし《ディヴェルティスマン》」、（サルトルの言う）「自己欺瞞《モーヴェーズ・フォワ》」という意味での幻想になるのは、ゲームを外側から、ゲームにも賭金＝争点にもなんら投資しない、公平な観客の視点から見るときのみです。この、おのれをそうと自覚できない部外者《エトランジェ》の視点ゆえに、投資は立派な根拠がある幻想であることを知ることができないのです。実は、社会世界は、それが提供する社会的ゲームをとおして、行動の表面的な賭金＝争点、明白な目的以上の、かつ、他のものを行為者にもたらしてくれるのです。狩猟行為は、それ以上とは言わずとも、獲物と同等の価値があります。行動には、給料、賞、報償、トロフィー、タイトル、役職といった明示的に追求される利益を超える利益があります。無関心から抜け出すという事実、そして行動する行為者として自己を主張しているという事実、ゲームに関わり、なすべきことをしている、他の人々が住んでいる世界に住んでいる、目的をめざしている、客観的に、したがってまた主観的に一つの社会的使命を担っているという事実のなかにある利益です。

制度化儀礼

社会的役割《フォンクシオン》は社会的虚構《フィクシオン》です。そして制度化儀礼[*26]はその対象となる者を国王、騎士、祭司、あるいは教授としてつくります。その者の社会的イメージをつくるのです。その者が与えることができる、また与えるべき、法人《ペルソンヌ・モラル》としての表象、すなわちある集団の全権代表、受任者、あるいは代弁者としての表象をつくるのです。しかし制度化儀礼は別の意味においても対象となる者をつくります。その者を定義する、制度化する、構成する名前、タイトルを付与することによって、制度化儀礼はその者に真の自分、すなわち、ならなければならない自分になるよう命じるのです。自分の役割を果たすよう、ゲームに、虚構に加わるよう、ゲーム、役割を演じるよう命じるのです。孔子〔前五五一―四七九〕は「名の正当化[*27]」という原理を提唱し、ひとそれぞれに、社会におけるおのれの役割におのれを合わせるべきこと、おのれの社会的本性に合わせて生きるべきことをもとめています。「君主は君主として、臣下は臣下として、父親は父親として、息子は息子として振る舞うべし」[*28]。孔子はまさにすべての制度化儀礼の真理を述べているのです。身も心もおのれの役割に捧げることによって、また、役割をとおして、自分にその役割を委ねた機関（教会法学者たちの呼び方では「大学」「学院」「社会」「コンソーシアム」[*29]）に身も心も捧げることによって、正当な相続者、公務員、貴顕者はおのれより前から存在し、おのれの後も存在し続けるであろう（「尊厳は亡びない」[*30]）役割の永続性と、みずからが体現し、また

＊26 ブルデューは « Les rites comme actes d'institution », *Actes de la recherche en sciences sociales*, 43, juin 1982, p. 58-63 で、「制度化儀礼」という概念を提起している。Arnold van Gennep (1873-1957) の *Les rites de passage*『通過儀礼』（一九〇九）という概念は個人の状態の変化を記述しているだけの概念で、「儀礼」の社会的機能を視野に入れていない、と批判し、社会的「儀礼」の「正当化する」légitimer、「制度化する」instituer する社会的機能に力点を置いた「制度化儀礼」という、汎用性と一般性の高い概念を提唱したのである。ヴァン・ジェネップはオランダ系ドイツ人。フランスで研究生活を送った。一九一二―一五年、ヌシャテル大学教授。『通過儀礼』のほかフランス各地方、アルジェリアなどの民間伝承についての研究がある。

＊27『論語』子路篇第三条「必也正名乎」（「必ずや名を正しうせんか」）。

＊28『論語』顔淵篇第一一条「君君、臣臣、父父、子子」（「君、君たり。臣、臣たり。父、父たり。子、子たり」）。

＊29 universitas, collegium, societas, consortium。いずれも、なんらかの「結社」の意味で使われていた。

＊30「尊厳は亡びない」Dignitas non moritur。王位の永続性を主張している「国王は崩御された。国王

帰属している、神秘的機関の永続性を確保することに寄与している、そしてそのことをとおして、その永続性に与っているのです。

社会とは神である

生物学主義は、社会的諸差異を人類学的不変要因に還元することによって、これらの差異を自然化してしまいます。社会学は、みずからを成り立たせるためには、こうした恒常的傾向をもつ生物学主義のあらゆる形態を拒否しなければなりません。しかしながら、社会学が社会的ゲームをそのもっとも本質的な点で理解できるためには、ある条件を満たさなければなりません。それは、切り離された別々の生物学的個体の状態で存在するという事実、あるいは、ある場所・ある時間に局限されているという事実、あるいはまた、死を運命づけられている、そのことを知っているという事実、これらはいずれも、実証主義的人間学の公理体系にはけっして入ることのない、科学を超えて確認される人間の属性なわけですが、社会学は身体的存在のこのような普遍的特性を考慮に入れなければならないという条件です。死、すなわち、目的〔fin〕となしえないこの終わり〔fin〕を運命づけられている人間は存在理由のない存在です。程度の違いはありますが、生存の正当化と理由を与えてくれるのは社会です。社会のみです。社会こそが「重要」と言われる諸業務あるいは諸位置を生産することによって、彼ら自身にとっても他の者たちにとっても「重要」と判断される諸行為と諸行為者を生産するのです。こうして諸行為者は、おのれの価値を客観的かつ主観的に保証され、無関心と無意味から脱却するのです。マルクスがなんと言おうと、悲惨《ミゼール》（貧困）の哲学は存在します。伝統的に進歩主義思想と結びついた主意主義的オプティミスムよりはベケット〔一九〇六―八九〕の浮浪者化した取るに足りない老人たち〔『ゴドーを待ちながら』一九五二〕の索漠たる境遇に近い悲惨（貧困）です。神なき人間の悲惨とパスカルは言っています。社会的使命も社会的聖別もない人間の悲惨です。というのも、デュルケームとともに「社会とは神である」とは言わないまでも、「神とは社会以外のものではけっしてない」とわたくしは言いたいからです。ひとが神から期待するもの、これを獲得できるのは社会からのみです。聖別することができる力、事実性から、偶然性から、不条理性から引きはがすことができる力をもっているのは社会のみです。しかし――これがおそらく根本的な二律背反なのですが――社会がそうできるのは、ただ、差別的《ディフェランシエル》な仕方、差異化的《ディスタンクティヴ》な仕方によってのみなのです。聖なるもの《ル・サクレ》のすべてに俗なる補完物があります。卓越《ラ・ディスタンクシオン》したものはすべて低俗《ラ・ヴュルガリテ》を生産します。認識され認知された社会的生存をめざす競争、無意味から脱却さ

万歳」Le roi est mort. Vive le roi ! とおなじ趣旨の言葉。

せてくれる競争は象徴的な生と死のための必死の闘争なのです。「ひとの名を引くことは復活させせること」とカビリアの人々は言います。他者による審判は最後の審判です。社会的排除は地獄と劫罰の具体的な形です。人間が人間に対して神であるからこそ、人間は人間に対して狼なのです。

終末論的思考と使命感の虚妄

特に、終末論的歴史哲学の信奉者であるとき、社会学者は社会的に委任されていると感じます。意味を与える、説明する、さらには秩序をもたらし目的を指示することを委任されていると感じるのです。それは、彼らは社会的特性のない者たちの悲惨——病院や施療院で社会的死に放置されている老人たちの悲劇的諦念、失業者たちの無言の忍従、矮小な違反行為のなかに社会的生存の認知された形態にアクセスする手段を求めるあの少年たちの絶望的な暴力——を理解するのに最適な立場にいないということです。おそらく彼らは、誰もとおなじように、社会的使命をもっているという幻想をあまりにも強く必要としているので、社会的使命なるものの根元を見てとることができないのです。それゆえに、重要性を社会的に承認する象徴的玩具(○○十字章、○○メダル、○○棕櫚賞、○○綬章といった、あれこれの勲章)や生き甲斐となるイルーシオの社会的現実態〔○○ミッション、○○職、○○議員、○○省審議委員といった、あれこれの公的な任務〕が行使する法外な権力の真の根拠を見出すことができないのです。

社会学と自由

すべての使命とすべての聖別の真実を明晰に見てとることは必然的に責任放棄や敵前逃亡に導くというわけではありません。熟慮を経た意識的な決意によって、幻想にとらわれることなくゲームに参入することは可能です。実は、通常の諸制度はそれほど過大なことを要求することはありません。ソクラテス〔前四七〇―三九九〕についてメルロー＝ポンティが言っていることを想起してください。「ソクラテスは法に従うべき理由を述べます。しかし、従う理由をもっていることがすでに余計なことなのです。〔…〕彼に期待されていること、それはまさに彼が与えることができないものなのです。前提事由なしにモノ自体に賛同せよ、ということなのです」[*31]。いかなる種類のものであれ、確立された秩序と利害を共にする人々が社会学をあまり好まないのは、社会学は原初的な信奉に対するある種の自由を導くからです。この自由のために

＊31　M. Merleau-Ponty, *Éloge de la philosophie*, 1953（コレージュ・ド・フランス教授就任講義）

同調《コンフォルミテ》さえもが異端あるいは皮肉の色合いを帯びることになるからです。

反省性

これが、就任講義《ルソン》についての社会学をテーマにした社会学講座就任講義の教訓《ルソン》であるかもしれません。言説自体を対象とした言説は、その指示対象（これは、他のどんな行為によってでも置き換えることができます）に対してよりは、おのれがいまなしつつあることを対象とするという作業に対して注意を向けさせます。そして、その作業と、いまなしていることを単になすという事実との違い、いまなしていることに全面的に専心しているという事実との違いはなにかに注意を向けさせるのです。いままさにここでおこなわれている、このような反省的自己点検はなにか奇異な感、ないし不逞な感を与えるでしょう。このような自己点検は魔法を解き、世界を脱呪術化するからです。単になすという行為が忘れようとしている、また、忘れさせようとしていることに目を向けさせるのです。前もって書いた原稿をいかにも即興で語っているかのように思い入れたっぷりに読み上げることがありますが、それとおなじように、語り手は自分の行為に打ち込んでいる、自分の言うことを信じている、受託している使命を全面的に信奉しているのだということを証明し、実感させることをめざす弁論効果あるいは修辞効果を洗い出すのです。こうして、制度が順調に機能する通常の条件である信仰、語り手と聴衆、双方の信仰を崩壊させてしまいかねないある種の距離を導き入れるのです。

結び＝謝辞

しかしながら、制度《アンスティテュシオン》に対するこの自由は、諸制度に対する自由を守ることに常に努めてきた、このコレージュ・ド・フランスのような、自由の制度に対する唯一可能な賛辞であります。またこの自由は、すべての科学の条件、そしてまず制度の科学である社会学の条件である自由でもあります。愛されているとは言えない、確固とした地位を得てもいない科学をあえて迎え入れようとしてくださった方々への、とりわけアンドレ・ミケル氏[*32]への唯一可能な感謝の表明でもあります。権威をもって語るとはどういうことなのかを権威をもって語るために、講義をする、いや、すべての講義に対する自由を講義するために、権威ある位置を使うという、このパラドクサルな企ては、信念《クルワイヤンス》の科学を遂行する野心が科学への信念を前提していないと

＊32 André Miquel (1929-) アラビア言語・文化専攻。一九七六年、コレージュ・ド・フランス教授。エコル・ノルマルでブルデューの一年先輩。ブルデューをコレージュ・ド・フランスに推挙した。

するならば、筋の通らないもの、いや、自己破壊的なものになってしまうでしょう。おのれが行使する権力の根元を叙述する、あるいは告発するパラドクサルな言表ほどシニックなもの、マキアヴェリックなものはありません。すべての制度崇拝の魅惑力をつくる信奉ないし自己欺瞞の薄いヴェールを引き裂いてしまう危険を冒す社会学者がいるとすれば、それは彼が、社会学が獲得させてくれる制度に対する自由を普及する可能性と必要性を信奉しているからです。象徴的諸権力のうちおそらくもっとも非正当的でないもの、すなわち科学の権力の解放的効能を信じているからです。科学の力と言いましたが、その科学とは象徴的諸権力についての科学であります。非認識が創造し再創造して止まないにせ物の諸超越性を制御する力を社会的主体に取り戻させることのできる科学であります。

社会学の擁護

Pierre Bourdieu, « Le discours prononcé le 7 décembre 1993 lors de la remise de la médaille d'or du CNRS »

国立科学研究センター（CNRS）
ゴールドメダル受賞講演
一九九三年一二月七日

高等教育・研究大臣殿
CNRS理事長殿
CNRS事務総長殿
ご列席の皆さま

褒賞というものは、本来、心安らかならしめるものであるはずですが、いまのわたくしは不安と、身に余る栄誉に浴しているという忸怩たる思いを覚えております。しかしながら、社会学と社会学者たちは、国立科学研究センターという科学共同体がわたくしを介して彼らに与える栄誉に十二分に価する存在である、というわたくしの確信は揺るぐものではありません。この機会に、この確信を、ご臨席の方々、政治の世界、また科学研究の世界の最高権威の方々、そしてジャーナリズムの世界のもっとも優れた代表者の方々に、共有していただくよう努めたいと思います。そして、社会学という、どちらかと言えば愛されていない科学について絶えず投げかけられる、とかく批判的な、問いかけに応えたいと思います。

この、社会学のためのわたくしの弁明が現実的な効果のない、単にアカデミックなスピーチに終わることはわたくしの本意ではありません。わたくしは、暫時、すべての社会学者のスポークスマンとなって、すくなくとも、今回のわたくしの受賞という形で自分たちの学問が認知された喜びをわたくしに伝えてきてくれた社会学者たちのスポークスマンとなって、政界・学界の権威である皆さんに誠心からの請願をおこないたく思います。

フランス社会学は、いまや世界でもっとも優れた社会学のひとつとして国際的に認知されているにもかかわらず、きわめて恵まれない状況に置かれています。請願というのは、その社会学が、単に象徴的なだけでない、物質的なすべての特典、真の認知にふさわしい特典、ポスト、研究費、設備備品などの特典を享受できるようにしていただきたい、ということであります。

とりわけわたくしの念頭にあるのは、いままさに研究者としてのキャリアを始めようとしている者たち、研究者としての生涯にとって決定的な意味をもつ時期であるにもかかわらず、その日暮らしを余儀なくされている者たち、適度の研究条件を確保してくれるような教員あるいは研究者のポストを将来得るチャンスを保証されていない者たちのことです。そのような金銭による選別の、まさにヴェーバー[*1]〔一八六四―一九二〇〕言うところの「プロレタリアまがいの生活」の好ましからざる効果について云々する必要はないでしょう。少なからざる若い研究者たちがそのような境遇に置かれているのが実情であります。

社会学に与えられるようお願いした諸特典ですが、わたくしはこれらが、まず第一に、ヨーロッパ社会学センター〔Centre de sociologie europénne (1961-1970)〕と教育・文化社会学センター〔Centre de sociologie de l'éducation et de la culture (1970-1984)〕において、わたくしとチームを組んで、あれこれの研究、あれこれの著作のために働いたすべての人々に与えられることを願います。そのほとんどの人々がここに列席しております。できることならば、ひとりひとりの名を挙げて、わたくしとしての衷心からの感謝をおおやけに表明したい思いであります。わたくしたちがこのふたつのセンターの内外で経験したもろもろの困難の多くの起源は、わたくしたちが、デュルケーム学派の人々[*2]とおなじように、ある作業スタイルを実践したという事実のうちにある、とわたくしは考えています。この集合体として作業するという研究スタイルは、文学的な論理にいまだ執着している知識人世界のもろもろの伝統と期待に逆らうものでした。しかしながら、独自／陳腐、斬新／時代遅れなどといった低俗な二者択一の論理は、なんとしてもオリジナリティを追求しようとする大物気取りの小者を有り難がることにしかなりません。

この機会にわたくしがとりわけ称えたいのは、『世界の悲惨』[*3]という形で結実した、あの桁外れの事業に参画した人々、また、一部はおなじ人々ですが、二〇年近くのあいだ、まもなく一〇〇号を迎えようとしている『社会科学研究紀要』〔*Actes de la recherche en sciences sociales* 一九七五年創刊〕、

＊1　以下、ヴェーバーの引用はいずれも『職業としての学問』から。
＊2　Émile Durkheim (1858-1917), Marcel Mauss (1872-1950), Célestin Bouglé (1870-1940), Maurice Halbwachs (1877-1945), François Simiand (1873-1935), Lucien Lévy-Bruhl (1857-1938) など。
＊3　*La Misère du monde*, 1993, Éd. du Seuil

そして、その国際版付録の『リベール』〔*Liber* (1989-98)〕の刊行を支えてくれた人々です。この人々は、ひとつの知的アヴァンチュールに参画しているという満足以外になんの報酬もなしに貢献してくれたのです（科学共同体は彼らに十分に報いてくれることはありませんでした）。彼らが、自分の所属する、あるいは所属することになるであろう諸機関、国立科学研究センター、社会科学高等研究院などから、彼らのメリットの正当な認知を受けるであろうと確信できるならば、いま、ここで、ゴールドメダル受賞の栄に浴するわたくしの喜びはこの上もなく大きなものとなるでありましょう。

社会学は自立（律）的な科学

さて、社会学と、社会学に対する問いかけの話しをいたします。最初の、そしてもっともよく提起される問題は、社会学の、科学としてのステイタスの問題です。社会学が、あるひとつの科学を定義する主要な諸特性を備えていることは明らかです。自立（律）性《オートノミー》と累積性《キュミュラティヴィテ》を備えています。社会学は、経験的に観察可能な諸事実の広大な一集合を説明することができる整合的な諸モデルとして組織された仮説諸システムを構築することに努めています。となると、文学部・人間諸科学部の標準的な諸学問の大半について、あるいは理学部のもっとも地盤の弱い諸学問についてさえ、科学性の問題が云々されることはけっしてないのですから、問題はそこにあるのではない、と推測されます。

実は社会学は政治との馴れ合い《コンプロミッシオン》の嫌疑を――とりわけ保守的な勢力のなかで――常にかけられています。歴史学者や民族学者とちがって、社会学者がおのれ自身の社会を対象としていること、自分が参与している社会について立場を表明しているかのように見えることは確かです。社会学者がこの世界に不可避的に利害関係をもっていること、対象である社会における彼の位置と結びついた諸先入観、それどころか諸前提を研究という自分の実践のなかに持ち込んでいる危険が常にあることは確かです。しかし実際には、その危険は部外者が考えるほど大きくはありません。というのも、おそらくは、そのような危険に特に晒されているからでしょうが、社会学はもろもろの強力な防衛手段を備えているのです。

そのひとつが競争の論理です。これはすべての科学の世界の論理でありますが、競争の論理がひとりひとりの社会学者に対してさまざまな拘束と制御を作動させ、また、その個々の社会学者が他の全員に対して、拘束と制御を作動させているのです。世界の社会学界の総体が、そのなかでの位置と位置取り（科学的な位置取りであって政治的な位置取りではありません）の多様性のなかで、個々の社会学者と社会世界とのあいだに、ひとつの防御壁として介在しているのです。この交差的検閲の論理ゆえに、社会学者は世俗的誘惑や社交的馴れ合いに身を委ねることはできません。さもなければ、科学者の「目に見えない共同体」から追放されてしまう危険があります——部外者には理解できないかもしれませんが、また、悪しきジャーナリストたちは相互を相対化するだけの意見の相違、程度の違いと見なしますが——これは宗教の世界の「破門」にひとしい意味をもつのですから、おそろしい制裁です。

このようにして保証される独立性はまさにネガティヴな独立性ですが、これが真の意味での自立（律）性として成就するためには、個々の社会学者が社会学という学問の集合的成果、すでに膨大なものとなっている成果を自分のものとしていることが必要です。これはまさしく科学的な論議に参画するための必要条件です。社会学者たちは分断されています。それは事実です。ひじょうに異なった二つの原理にしたがって分断されているのです。集合的な遺産を自分の骨肉と化しているがゆえにゲームに真の意味で参画している者たちは、その遺産から直接的に派生した問題系と方法論を構成している枠組みと論理のなかで相対立しているのです。ですからその遺産はまさに彼らの対立関係のなかで彼らを統一しているのです。つまり、よく言うように、彼らはおなじ言語を語っているのです。しかしながら彼らは、まったく別の仕方で、共通の遺産をもっていない者たち、それゆえに、ともすればメディアの期待に寄り添う者たち（たとえば、世論調査の商人たち）と対立しているのです。ということはすなわち、社会学者間の甚だしい不一致を挙げて社会学の科学性を疑う人たちがいるわけですが、この不一致はひとえに、社会学者を自任するものたちの（統計学的な意味での）きわめて大きな散布度という、純粋に社会学的な要因にもとづいている、ということになるのです。

真の意味で自立（律）的かつ累積的であるためには、そして科学というステイタスに価するものであるためには、社会学はまた、とりわけ反省的でなければなりません。社会学はおのれ自身を対象としなければなりません。そして、おのれが所有する認識手段のすべてを動員して、おのれに加えられる社会的諸効果、おのれの科学的機能論理の障害となるような社会的諸効果を分析し、抑制しなければなりません。わたくしの言うことは抽象的すぎるとお考えの方々には、『ホモ・アカデミクス』[*4]のなかでわたくしが社会学と、社会学が置かれている諸制度について述べていることを参照していただきたいと思います（この場合はわたくしの述べることをあまりに具体的と考える方がおられるかもしれませんが……）。

科学社会学の不可欠性

社会学の社会学は必要不可欠ですが、他の諸科学についても科学社会学はおなじように不可

＊4 *Homo academicus*, 1984, Éd. de Minuit（石崎晴己・東松秀雄訳『ホモ・アカデミクス』藤原書店）

欠であると思います。と言うのも、科学社会学こそ、ガストン・バシュラール[*5]がその必要性を説いていた「科学精神の精神分析」をもっとも有効な形で実現しているからです。科学社会学は、科学界の社会的論理のなかに書き込まれている社会的無意識、集合的に抑圧されている社会的無意識を人々の目に晒し出します。選考委員会による選考の社会的決定要因の論理、評価委員会の評価基準の社会的論理、科学行政官のリクルートと行動の社会的諸条件の論理、科学的権威にもとづく関係という装いのもと行使され、とりわけ、若い研究者たちの意欲・創造力を激励するのでなく抑制あるいは阻害する社会的支配関係の論理、きびしい科学的評価から一部の者たちをまもり、他の者たちが創造力を発揮するのを妨げる働きをする互選のネットワーク、全国的な、あるいはいまや地域的なネットワークの論理、などなどです。

この場の性質からして、わかりにくい間接的なもの言いしかできませんので、マックス・ヴェーバーの『職業としての学問』という有名な講演の一節を引用するにとどめることにいたします。この一節、あまり注目されることがありませんが、研究者からなる聴衆の前で彼は、普通は私的な雑談のなかで問うようなことを話題にしています。「こんなにも多くの凡人が批判されることもなく大学で大きな役割を演じている」のはなぜか、と問うているのです。優れた社会学者ですから、個人を、この場合は「大学と関係省庁の小人物たち」を非難するのではだめだと釘を刺しています。そして、そのような事態の理由は「人々の合意にもとづく行動を律する諸法則のうちに」探さなければならない、と述べています。法王あるいはアメリカ大統領の選出でほとんど常に「二番目あるいは三番目の候補」を選出せしめる法則です。そしてユーモアのこもったレアリスムで結論づけています。「驚くべきなのは、こういう場合に判断の間違いがしばしば起こるということではなくて、むしろ、全体として、とにもかくにも、まともな任命がこんなにも多くなされている、ということである」と。

これほど醒めきってしまっていない科学政策を実行しようとするのであれば、このようなメカニズムと法則の認識を、これらメカニズムと法則の諸効果を阻止し中和するために役立てることです。ひとつだけ例を挙げておきましょう。各学科のなかに、専門の細分化に対して問題を抱えている者たち、多かれ少なかれ恣意的な、そして科学的にうまく機能していない、しかしやむをえず従事している専門と問題を抱えている者たちを集めた部門をつくれば、研究システム全体にかならずや自由な空気が生まれてくると思います。

以上、述べてきたことからして、「科学共同体」を理想都市と見なすイデオロギー、科学共同体の成員は真理の探究を唯一の目標としているというイデオロギーは実は真理の増進のために役立たない、ということをご理解いただいたことでしょう。ありのままの科学共同体はどの

＊5 Gaston Bachelard (1884-1962) *Contribution à une psychanalyse de la connaissance objective*, Vrin, 1938

ように機能しているかを分析しなければなりません。純粋かつ完全な競争を阻害する、したがって創造を阻害する諸メカニズムを分析しなければなりません。創造は科学界固有の力関係の革命的変革を前提にしているものですが、これを妨げる諸メカニズムを分析することは、科学行政担当テクノクラートの関心事である科学の生産性の向上におおいに寄与するはずです。

自分が専門としている科学がコントロールの利かなくなったメカニズムによって支配されつつあることに不安を覚えている科学者が、とくに生物学者のあいだに、増えています。これらの人々が彼らの科学実践の命運を集合的に統御できるようになるためには、その科学を現実に動かしている諸社会的メカニズム、研究の先陣争いの論理のようなメカニズムを集合的に分析することが必要です。これらのメカニズムは彼らの個人的な意識や意志で把握できるものではありません。科学社会学や科学史の専門家たちの援助が必要です。

いったい、何の権利があって、いかなる特別な権威の名において、新生科学である社会学が、ずっと進んでいる、確固とした諸科学の機能の仕方を分析するのか、僭越だと言われるかもしれません。しかし実は、帝国主義だというこの種の非難は哲学者や文学者たち、あるいは、科学至上主義的な自信に取り憑かれた一部の科学者が好んで加えてくる非難なのです。科学そのものにとってきわめてマイナスなこのような傲慢さに対する強力な解毒剤を提供するというのが、科学社会学のもうひとつの効用です。というのも、（時間がありませんから、ここで立証することはしませんが）科学社会学は、反科学的ニヒリズムとは無関係に、科学に対して、その歴史的、あるいは社会的起源を想起せしめるからです。科学的真理は、人間の頭脳からきれいに整序されて生まれてきた永遠の本質ではありません。科学界《シャン》というあの特異な社会世界――固有の諸規則と、とくに諸規則性を備えた社会世界――の諸拘束と諸制御のもとで遂行された、あるタイプの歴史的作業の歴史的生産物なのです。社会学の役割は、その存在とそれがおこなう諸分析によって、他の諸科学にそれらの歴史的起源、それら科学の暫定的妥当性と可謬性を想起させることにあります。科学を超越的な諸原理のうちに基礎づけようとする、繰り返し繰り返し試みられる企ては、ジェイムズ・ジョイス[*6]が描いているあの循環論法、法王の言葉はその不可謬性ゆえに否定しえないという、法王による不可謬性の自己宣言の循環論法に帰着せざるをえないことを、社会学は教えてくれるのです。

社会学の「効用」

さていまや、社会学は何の役に立つのか、という質問に答え始めたことになります。黒人作

*6　James Joyce (1882-1941)『ダブリンの人々』（一九一四）

家トニ・モリスン[*7]は、次の作品には白人が登場しますか、と聞かれて、「白人作家にそういう質問をしますか」と反問しました。それを真似て、「社会学は何の役に立つのですか」と聞くひとに、「物理学者や化学者、考古学者や歴史学者に、あなたの学問は何の役に立ちますか、その存在理由はなんですか、と訊ねますか」と聞き返すこともできるでしょうが、それで済ますわけにはいきません。奇妙なことですが、社会学者が自分の存在を正当だと感じるのに苦労するのは、いつも、過大なことを求められるから、あるいは逆に、求められることが過小だからです。また、壮大な期待に応えようとして、やはりマックス・ヴェーバーの言い方ですが「国家から是認され報酬をうる小預言者」という居心地のわるい、いささか滑稽な役割を演じようとする「社会学者」がいつもおおぜいいるからです。

わたくしが今回受賞したゴールドメダル賞について語るためにテレビに出演したとしましょう。すぐに、いまの危機的状況をどう思いますか、イスラム女性のヴェールについてはどんな立場ですか、芸術の究極的な意味はなんですか、といった質問を浴びせられることでしょう。物理学者のジル・ドジェンヌ[*8]や神経生理学者のジャン゠ピエール・シャンジュー[*9]にもおなじことを訊ねますよ、とおっしゃるかもしれませんが、この人たちは応えるのを拒否することができます。あるいは、あえて、なにか愚かなことを言うかもしれませんが、かといって彼らの学者としてのステイタスにはなんの影響もありません。

要するに、社会学者は預言者の役割を付与されるというわけです。社会生活で日常的に提起される死活問題について（いかにも）体系的な答えを与えることができる預言者の役割です。すべての学者とおなじく、彼も掲げることができるはずの役割、科学者として彼が科学的に提起できる諸問題のみに、すなわち、常識やジャーナリズムが提起する諸問題を排除することによって提起できる諸問題のみに、明確かつ検証可能な回答を与えるという役割は認めてもらえないのです。

経済学者は、科学性についての（わたくしからすれば間違った）考え方から、公的諸機関に対して「有識者《エクスペール》」の役割を引き受けることがよくあります。社会学者もそのような「有識者」の役割を果たしうるではないか、という向きがあるかもしれませんが、それはちがいます。社会学者は、目標（同一学年の八〇%にバカロレアを取得させる、一〇〇%の生徒に読み書きの能力を身につけさせる、といった目標）を決めることにおいて、政治家に取って代わることはできませんし、そのようなことを望みません。しかし、わけも分からずにそうした目標を決め、追求しているつもりの結

＊7 Toni Morrisson (1931-)　一九九三年、ノーベル文学賞。
＊8 Gilles de Gennes (1932-)　一九九一年、ノーベル物理学賞。
＊9 Jean-Pierre Changeux (1936-)　神経生理学者。コレージュ・ド・フランス教授。一九九二年、ＣＮＲＳゴールド・メダル賞。

果と反対の結果を生んでしまう危険性のある者たちに、それらの目標が達成される経済的・社会的諸条件を想起せしめることはできます。学校という地獄は、こんにち、政治家たちのあれこれの善意の的になっていますが、そのもっとも基本的な機能法則について何も知らない世界を万人の名において統治しようとすることなどできない、と、政治家たちに教えてあげることができる程度の自信は、いまや、社会学は備えています。デュルケームは好んで言っていました。社会に関する科学の進歩を妨げる主要な要因のひとつは、社会に関しては誰もが、生まれつき、学識を持っていると信じていることにある、と。もと教員、もと官僚の経験を笠に着て、教育社会学や官僚社会学を社会学者に講義することに躊躇しない政治家たちについては何をか言わんや、であります。

大学で学生の不満が高まり、不穏な気配になると、政治家はすぐ、人文諸科学のように混んでいる学科でなく、余裕のある学科に進むよう奨励しますが、わたくしはまったく反対のことを主張いたします。社会学を学ぶよう、もっと奨励しなければなりません。社会学の教育がもっと発展しなければなりません。文学部、人文科学部ではもちろんですが、理学部、法学部、医学部、さらに政治学院や国立行政学院でも、専門科目を補完する教養科目として教えなければなりません。裁判官、医師（医師の場合、アメリカでは以前からそうした試みがなされ、その効果の研究もおこなわれています）、高級官僚、教員、ジャーナリストが社会学的視座をもつことがいかに有益であるか、これを立証するのは容易なことです。これら専門家たちの行動、またその結果について、したがって、これら専門家たちの行動の対象となる人々について知るために、社会学的視座が有益なのです。社会学者の数が多すぎると言われていますが、わたしはゴッフマン[*10]が言うところの「全体的施設《トータル・インスティテューション》」のすべてに社会学者を配置すべきであると考えます。全体的施設とは、各種保護施設、病院、寄宿舎、刑務所などのことです。それればかりではありません。大規模団地、中学・高校、企業（企業の場合、通常のアプローチとはちがった方法で、日本の場合を論じるとよいでしょう）などもおなじです。いずれにせよ、こうした複合的な社会空間においては、社会学者はそれらのさまざまな機能不全を分析したり、さまざまな緊張関係を明らかにしたりすることによって、諸個人あるいは諸集団のためにソクラテス的な意味での「産婆」の役割を果たすことになるでしょう。これまで、この役割は善意のボランティア活動家やカトリック系の団体に委ねられているわけですが、社会学者であれば、より高い専門性をもって、より方法的に対処することができます。

わたくしが述べたことを社会学帝国主義の表れと見なすひとがいるとすれば、それは間違いです。社会学者がすべて、社会学がそのように発展することをよしとしているとは限らないか

＊10　Erving Goffman (1922-82)　アメリカの社会学者。*Asylums*, 1961

らです（他の学問でもそうでしょうが、あれこれの形で、門戸を狭くすることを自分の利益と考える者たちがいます）。しかし、社会学の発展、社会に関する科学的認識の発展が社会一般の利益に適うことは確かです。すべての科学のなかで、社会学こそがみずからを公共奉仕《セルヴィス・ピュブリック》と定義する資格のある学問であることは確かです。それは、社会学は「社会」の――あるいは社会の代弁者をもって任ずる者たちの、ましてや、社会を統治する者たちの――直接的な必要に直接的に応えることを任務として負わされている、という意味ではありません。「社会学は何の役に立つのか」というお決まりの問いは、ですから、「社会学は誰の役に立つのか」という問いを、もっとはっきり言えば、「社会学は、役に立っているはずの人々のために役立っているのか」という問いを、つまりは、「その問いを発する人々の役に立っているのか」という問いを含んでいるのです。

左右を問わず歴代の政府は世論調査のために莫大な経費を支出しています。調査一回分の経費はわたくしの研究室の予算一〇年分に相当するほどです。莫大な費用がかかっても、科学的には無益なこれら世論調査こそは、政府が社会学に何を期待しているのかをこの上もなく明瞭に示しています。社会世界の真実についての認識ではなく、広告会社や広告主とおなじく、合理的デマゴギーの手段を求めているのです。社会一般の利益のための学問である社会学は解放の科学であることができます。そのために社会学は、国家の支援によって保証される経済的独立を活用して、国家の諸権力を含むすべての権力に対する自立（律）性を確保しなければなりません。そうすることによって社会学は、もっとも有効な批判的権力のひとつ、それなしには民主主義はありえない批判的権力のひとつになりうるのです。社会学はこうして、実在する科学あるいは架空の科学に依拠して被統治者への支配を遂行しよう、あるいは正当化しようとするデマゴギーの策動に対する強力な防衛手段を提供するのです。

参与的客観化

Pierre Bourdieu, « L'objectivation participante » (2000) in *Esquisses algériennes*, Éditions du Seuil, 2008

ハクスレー記念メダル受賞講演
二〇〇〇年一二月六日
英国王立人類学研究所

はじめに

ハクスレー記念メダルという世界に名だたる賞を拝受する光栄に浴する。また、そのことによって、これまでの受賞者の方々が集う人類学のパンテオン殿堂の一員になる。わたくしがこのことをどんなに悦び、誇りに思っているか、どんなに名誉と思っているかは申し上げるまでもありません。

この賞を授与することによって皆さまはわたくしにある種の権威を認めてくださったわけですが、その権威に依拠して、この機会に、わたくしの研究者としての経験を終始一貫導いてきた、ある技法《テクニック》、方法《メトッド》、より謙虚に言えばやり方《プロセデ》を、年老いた魔術師がやるような仕方で、ご披露したいと思います。

それはわたくしが参与的客観化〔objectivation participante〕と呼ぶものです。客観化です。通常言われるところの参与的観察〔observation participante〕ではありません。参与的観察とは、民族学者が異質《エトランジェ》な社会に身を投じ、そこである活動、儀礼、儀式を観察する、しかも、理想的には、それに参与しながら観察するという行為のことであると思われます。しかしよく指摘されるのはそのような姿勢の困難さです。それは意識の二分化を前提とするのですが、これはひじょうに困難なことです。どうすればひとは主体かつ客体でありうるのか？　行動する者かつ行動する自分を眺める者でありうるのか？　確かなこと、それは、異質な諸実践に真の意味で参与する可能性に疑義をはさむのは正しい、ということです。異質な諸実践は別の社会の伝統に書き込まれたものであり、それゆえに、観察者および観察者の諸性向を生み出した学習過程とは異なる学習過程を前提しているからです。まったく別の存在の仕方、観察者が参与するつもりの諸経験を生きるまったく別の仕方を前提しているからです。

アメリカの「社会学批判派」批判

わたくしの言う参与的客観化とは、客観化の主体の客観化、分析する主体の客観化、要するに研究者自体の客観化です。このように言うと、しばらく前に、とくにアメリカで一部の人類学者が流行させせた方法のことだと思われるかもしれません。すなわち、観察する自分を観察すること、観察者を、観察の作業のなかで、あるいは観察結果を書記する作業のなかで観察すること、フィールドの経験について、インフォーマントたちとの関係について、さらには、これらの経験すべての記述について振り返る作業のなかで、またその作業によって、観察者を観察することです。これはしかし、多くの場合、結局のところ、すべてディスクール、テクスト、いや、テクストの機縁《プレテクスト》にすぎないという、いささか絶望的な結論に導く結果に終わります。ロラン・バルトに倣ってクリフォード・ギアツが[1]「日誌病」〔diary disease〕と呼んだものにわたくしがほとんど共感を抱いていないことは容易にご理解いただけるでしょう。これは、ときには露出症に近いようなナルシシズムの爆発です。実証主義による長年の抑圧に対する反動として現れたものです。わたくしの考える反省性は「テクスト反省性」〔textual reflexivity〕なるものと共通するものはほとんどありません。また、「文化解釈の解釈学的過程」〔the hermeneutic process of cultural interpretation〕なるものについての、あるいは民族誌学的記録を介しての現実構築についての、殊更に込み入った議論とも共通するものはほとんどありません。また、わたくしの言う反省性は、マーカスとフィッシャー[2]、あるいはロザルド[3]において、さらにはギアツにおいてさ

（1）Clifford Geertz, *Works and Lives: the Anthropologist as Author*, Stanford: University Press, 1988〔森泉弘次訳『文化の読み方／書き方』、岩波書店、一九九六年〕〔ギアツ（1926-2006）タルコット・パーソンズに師事。シカゴ大学教授。解釈人類学を提唱〕

（2）George E. Marcus & Michael M. Fischer, *Anthropology as Cultural Critique*, Chicago: University Press, 1986〔永渕康之訳『文化批判としての人類学――人間科学における実験的試み』、紀伊國屋書店、一九八九年〕〔マーカス（1943-）はカリフォルニア大学アーヴァイン校教授。フィッシャーはマサチューセッツ工科大学教授〕

（3）Renato Rosaldo, *Culture and Truth: the Remaking of Social Analysis*, Boston: Beacon Press, 1989〔椎名美智訳

え も、フィールドのごつごつした現実との対決に自己探求の安易な逸楽が取って代わる元になっている、あの観察者の観察なる素朴な方法とも全面的に対立するものです。このように民族誌学的エクリチュールを（クリフォードとマーカスの著作のタイトルを借りて言えば）「詩学と政治学」[4]としていかにもラディカルに告発することは必然的にウールガー[5]の言う「解釈懐疑主義」〔interpretive scepticism〕に、あるいはグプタとファーガソン[6]が言う、人類学的営為の急停止という結果に導きます。

しかしまた、アルヴィン・グールドナーが提唱するように、認識主体の「体験」〔lived experience〕を明確にするだけでは不十分です。すなわち研究者の伝記的特殊性や（やはりグールドナーが『西欧社会学の危機の到来』[7]でタルコット・パーソンズについて語りつつ主張したように）研究者の仕事を鼓吹する「時代精神」〔Zeitgeist〕を解明するだけでは足りません。さらにまた、エスノメソドロジーのように、諸行為者が彼らの実践のなかに持ち込む「通俗理論」〔folk theories〕を明らかにするだけでは足りません。というのも、科学は、社会的行為者が社会的現実構築に投入する（デュルケーム的な意味での）「先概念」〔prénotions〕を記録し分析する作業に還元できないからです。また科学は、これら先概念の生産と、それらを生産する社会的行為者たちとの社会的諸条件を無視してはならないからです。

真の客観化

要するに、異質な環境への必然的に虚構的な参入である参与的観察と、自分にも客体にも距離を置いた観察者の「離れたまなざし」〔le regard éloigné〕[8]の客観主義のどちらを選ぶかということ

『文化と真実——社会分析の再構築』、日本エディタースクール出版部、一九九八年〕〔ロザルド (1941-) はスタンフォード大学名誉教授。詩人でもある〕

(4) James Clifford & George E. Marcus (eds) *Writing Culture: the Poetics and Politics of Ethnography*, Berkeley: University of California Press, 1986〔春日直樹他訳『文化を書く』、紀伊國屋書店、一九九六年〕〔クリフォード (1945-) はカリフォルニア大学サンタクルーズ校教授〕

(5) Steve Woolgar, « Reflexivity is the Ethnographer of the Text », in S. Woolgar, *Knowledge and Reflexivity: New Frontiers in the Sociology of Knowledge*, 14-34, London: Sage, 1988〔ウールガー (1950-) はオックスフォード大学教授〕

(6) Akhil Gupta & James Ferguson (eds), *Anthropological Locations: Boundaries and Grounds of a Field Science*, Berkeley: University of California Press, 1997.〔グプタ (1959-) はカルフォルニア大学ロサンゼルス校教授。ファーガソン (1959-) はスタンフォード大学教授〕

(7) Alvin Gouldner, *The coming crisis of Western sociology*, London: Heinemann, 1971〔岡田直之・田中義久訳『社会学の再生を求めて』、新曜社、一九七八年〕〔グールドナー (1920-80) はワシントン大学教授〕

(8) Claude Lévi-Strauss, *Le regard éloigné*, Plon, 1983〔三保元訳『はるかなる視線』、みすず書房、二〇〇

とではないのです。参与的客観化は、認識主体の「体験」ではなく、この体験の、より正確に言えば客観化行為の社会的諸可能条件（したがって諸効果と諸限界）を探求することを目的とします。参与的客観化は客体への主観的関係を客観化することをめざすものであり、これは、相対主義的な、また多かれ少なかれ反科学的な主観主義に帰着するものではなく、科学的客観性の条件のひとつなのです(9)。

客観化すべきもの、それは異質な世界の人類学的分析をおこなう人類学者ではなく、その人類学者と、彼が自分の人類学的実践に投入する意識的ないし無意識的な人類学とをつくった社会世界なのです。彼の社会的出自、社会空間における彼の位置と軌跡、彼の社会的・宗教的な所属と信奉、彼の年齢、性別、国籍などだけではありません。とりわけ、人類学者たちのミクロコスモスにおける彼の特殊な位置を客観化しなければなりません。というのも、人類学者がおこなうもっとも重要な科学的な諸選択（主題、方法、理論など）は、彼の職業的世界、わたくしが人類学「界」と呼ぶもののなかで彼が占める位置に緊密に依存していることが科学的に立証されているからです。言うまでもなく、この人類学「界」には、その国固有の諸伝統と諸特殊性、固有の諸思考習慣、固有の不可避的な諸問題系、固有の諸共通信念と諸自明事項、固有の諸儀礼・諸価値・諸褒賞、成果公表の固有の諸制約、固有の諸検閲事項、したがってまた、人類学の組織構造のなかに、すなわち人類学の集合的歴史のなかに書き込まれた諸バイアス、そして、学者的悟性の（国固有の）諸カテゴリーに内在する無意識的諸前提が備わっています。

ホモ・アカデミクスの視点

このような反省的分析は人類学者の個人的・私的な人格についての内密かつ自己愛的な考察とは真っ向から対立するものです。この分析が明らかにする諸特性は、なんら特異なもの、ましてや異常なものではありません。かなりの程度まで、研究者のあれこれのカテゴリー（おなじ学校・大学出身であるといった）に共通のものですから、これら諸特性は素朴な好奇心を「刺激する」ものでもありません。（ヴィトゲンシュタインが次のように言っています。「われわれが提供するもの、それは人間の自然史にかんする諸所見である。だがわれわれは珍しい事柄を提示しているわけではない。誰ひとり疑うことのなかった、しかしながら、常にわれわれの目の前にあるがゆえにこそ気づかれることのなかった諸見解である」）[10]。付け加えて言いますが、そうした諸特性を発見し公表することは、しばしば、冒

六年〕〔「はるかなる視線」は原意を伝えていない。「遠くからの、距離をおいたまなざし」という意〕
（9）Pierre Bourdieu, *Science de la science et réflexivité*, Raisons d'agir, 2001〔加藤晴久訳『科学の科学』、藤原書店、二〇一〇年〕
（10）Ludwig Wittgenstein, *Investigations philosophiques*, Paris, Gallimard, 1986〔*Philosophical investigations*, Oxford:

瀆的な侵犯と見なされます。文化的生産者たちが、しばしば、自己について抱いているカリスマ的表象とみずからを一切の社会的決定から自由であると考える性癖とに疑義をはさむからです。

こうしたわけで、『ホモ・アカデミクス』[11]は、徹底的に客観性を目指したにもかかわらず、わたくしの著作のうちで、もっとも物議をかもした、もっとも論争を呼んだ本でした。というのも、ふだん客観化を旨としている人々を客観化しているからです。わたし自身がその一員である、ひとつの社会的ミクロコスモスの客観的諸構造を、裏切りとも見える侵犯行為によって、露わにし広く知らしめたからです。パリ大学の教員たちのアカデミックな、また政治的な位置取り《プリーズ・ド・ポジシオン》を決定する諸位置《ポジシオン》からなる空間の諸構造を鮮明に示したのです。それはたとえば、この本のもとになった調査の時点で、ロラン・バルト[*1]とレイモン・ピカール[*2]を対立させていた、すなわち、この二人の人間を介して、「文学セミオロジー」という前衛とランソン[*3]流の伝統的文学史を対立させていた構造です。わたくしの指導した研究者のひとりであるシャルル・スーリエ[12]がこの参与的客観化の暴力性をさらに先鋭的に明らかにしています。彼の研究によれば、たとえば、哲学と社会学の（そしておそらくはまた人類学の）研究テーマ（修士論文や博士論文などの）は、社会的出自と軌跡、ジェンダー、とりわけ教育課程における軌跡と統計的に連結している、というのです。つまり、われわれのもっとも個人的、もっとも内密、もっとも大切と思われる選択、学問、専門分野（経済人類学とか親族関係、アフリカとか東欧といった）、理論的・方法論的方向性などの選択は社会的に形成された性向のうちにその起源をもっている、というのです。われわれの性向には、月並みな社会的諸特性、哀しき没個性的諸特性が、多かれ少なかれ変貌した様相で、表現されている、ということです。

お気付きのように、参与的客観化を語りつつ、わたくしはいつのまにか人類学から社会学に、より正確に言えばアカデミックな制度の社会学に場を移しました。『ホモ・アカデミクス』でわたくしが実践した社会学です。言うまでもないことですが、この際、フランスの大学は見せかけの対象に他なりません。真に把握すべきもの、それは客観化の主体（つまりわたくし自身）です。アカデミスムの世界という相対的に自立（律）的な社会空間、周辺の世界の諸法則に還

Blackwell, 1967, para. 415〕〔藤本隆志訳『哲学探究』、大修館書店、一九七六年〕

(11) P. Bourdieu, *Homo academicus*, Minuit, 1984〔石崎晴己・東松秀雄訳『ホモ・アカデミクス』、藤原書店、一九九七年〕

(12) Charles Soulié, « L'anatomie du goût philosophique » *Actes de la recherche en sciences sociales*, 109, octobre 1995, p. 3-21〔スーリエはパリ第８大学準教授〕

＊1 Roland Barthes (1915-80), *Sur Racine*, Éd. du Seuil, 1963〔渡辺守章訳『ラシーヌ論』、みすず書房、二〇〇六年〕

＊2 Raymond Picard (1917-75), *La Carrière de Jean Racine*, Gallimard, 1956; *Nouvelle critique ou nouvelle imposture*, J.-J. Pauvert, 1965

＊3 Gustave Lanson (1857-1934)　フランス文学史学者。

元できない固有の諸法則を備えた社会空間におけるその主体の位置と個別的な視点《ポアン・ド・ヴュ》です。そしてこれは忘れられたり無視されたりすることが多いのですが、視点というものは、厳密に言えば、ある地点から見るということ、そしてこの地点の真実、視点としての真実、他に還元できない特異な、終局的には唯一の視点としての真実は、一見矛盾するようですが、それが組み込まれている空間、共存する諸視点の総体としての空間（ストローソン*4もほぼおなじことを示唆していると思われます）を再構築できたときにはじめて露わになるのです。

自分自身の視点に対してある視点を取るということ、従って、自分を視点として定義するために参照する諸視点の総体に対してある視点を取るということはひとつの逆転であり、月並みなように見えても異例なことでしょう。その異例性を際立たせるために、デイヴィッド・ガーネットの小説『動物園に入った男』(13)の話しをいたします。『ホモ・アカデミクス』で採用したアプローチを反省するたびに、この小説を想起するからです。ご承知のように、ある青年が動物園を見物中に恋人と喧嘩して絶望し、動物園長に手紙を書き、動物園に欠けている哺乳類を提供する、と申し出る話しです。欠けている哺乳類とは人間、すなわち彼自身です。彼はチンパンジーの隣の檻に入れられます。プレートにはこう説明されています。「ホモ・サピエンス　人間　この標本（スコットランド生まれ）の提供者はジョン・クロマンティ氏。人格にかかわる批評で人間を怒らせることのないようご注意ください」。わたくしも『ホモ・アカデミクス』

の冒頭にこのような警告を載せるべきであったでょう。そうすれば、あの本のためにわたくしに浴びせられた、かならずしも好意的でなかった「人格にかかわる批評」のいくつかを回避することができたでしょう。

参与的客観化が育成する反省性は、「ポストモダン」の人類学者たち、あるいは哲学、またある種のタイプの現象学が通常提唱し実践する反省性とは縁もゆかりもありません。参与的客観化は人類学と社会学が提供する乱暴この上なしの客観主義的客観化諸手段、とりわけ、統計的分析（これは人類学の武器庫から暗黙のうちに取り除かれています）を認識主体に適用します。そうすることによって参与的客観化は、人類学者（あるいは社会学者）の思考が、彼が彼の国の科学界《シャン》に組み込まれている、固有の諸伝統、諸思考習慣、諸問題系、共通の諸自明事項などを備えた科学界に組み込まれているという事実に負っているすべてのものを把握することを目指すの

（13） David Garnett (1892-1981) *A Man in the Zoo*, 1924〔池央耿訳『ガーネット傑作集（1）キツネになった人妻　動物園に入った男』、河出書房新社、二〇〇四年〕

＊4 Peter Frederick Strawson (1919-2006) オックスフォード大学教授。主著 *Introduction to Logical Theory*, London, Methuen, 1952（常俊宗三郎他訳『論理の基礎——日常言語と形式論理学（上・下）』法律文化社、一九九四年）。*Individuals: An Essay in Descriptive Metaphysics*. London: Methuen, 1959（中村秀吉訳『個体と主語』みすず書房、一九七九年）

です。また、彼がその科学界で特別な位置（自分の能力を立証しなければならない新参者の位置、あるいは自他ともに許す大物の位置など）、無意識のうちに彼の科学的諸選択（専門分野、方法、対象などの選択）を方向づける可能性のある特殊なタイプの「利益《アンテレ》」をともなった位置を占めているという事実に負っているすべてのものを把握することを目指すのです。

歴史的無意識

要するに、科学的客観化は客観化をおこなう主体の視点と、その主体が客観化に対してもちうる利益を取り込んだもの（とりわけ自分自身が属する世界を客観化する場合には）でなければならない、ということです。また、彼が自分の客観化の作業に不可避的に持ち込む歴史的無意識を取り込んだものでなければなりません。歴史的無意識（あるいは超越物）、より正確にはアカデミックな無意識とは、学校教育の諸経験に帰することができる諸認識構造の総体、したがっておなじ教育システム（その国の教育システム）が生み出した者たち全体にほぼ共通の諸認識構造の総体、あるいはより特殊な形では、ある時点におけるある学問の成員全体に共通の諸認識構造の総体のことです。この歴史的無意識の作用の結果として、諸専門分野に関連する差異を越えて、また、競争関係にあるにもかかわらず、一国のおなじ教育システムが生み出した者たちはしばしば「国民性」に帰せられる共通の諸性向をもつにいたるのです。それゆえにこそ彼らは暗示やほのめかしだけで理解し合うことができるのです。何が重要か、ある時点において何が議論に価し、何が価しないか、何が大切で興味深いか（「よいテーマですな」、あるいは逆に「月並みな／卑俗なアイデアですな」）などを言葉にすることなしに了解し合うことができるのです。

　このアカデミックな無意識（超越物）の探求を企てるということは、人類学をおのれ自身に立ち向かわせて、人類学者によるおのれ自身の反省的分析のなかに人類学のもっとも顕著な理論的・方法論的成果を投入することに他なりません。わたくしがいつも残念に思っていたことですが、認識人類学のめざましい進歩の担い手たち（たとえば「分類の原初的諸形態」を分析したデュルケームとモース[14]、あるいは「野生の思考」の諸メカニスムを分解したレヴィ＝ストロース[15]）は、空間的・時間的に離れた諸社会について彼らが挙げた科学的諸成果をおのれ自身の世界に適用することを、まったく、あるいはほとんどしませんでした（デュルケームの『フランス教育史』[16]とアルヴァックス*5の

（14）Émile Durkheim et Marcel Mauss, « De quelques formes primitives de classification: contribution à l'étude des représentations collectives », *L'Année sociologique*, 6, 1903, p. 1-72〔山内貴美夫訳『人類と論理――分類の原初的諸形態』、せりか書房、一九六九年〕〔Durkheim (1858-1917)。Mauss (1872-1950)〕

（15）Claude Lévi-Strauss, *La Pensée sauvage*, Plon, 1962〔大橋保夫訳『野生の思考』、みすず書房、一九七六年〕

（16）Émile Durkheim, *L'Évolution pédagogique en France*, PUF, 1990

＊5 Maurice Halbwachs (1877-1945)　デュルケーム学派。コレージュ・ド・フランス教授。

いくつかの原則的発言を除いて)。デュルケームとモースの名を挙げたので申しますが、彼らは彼らの仕事において、認識の認識論というカント的なプログラムを実践することを明示的に目指した人たちです。わたくしが言う「アカデミックな超越物」もまさにこの認識の認識論です。この指摘を有益ないし必要だと思うのは、皆さまの言い方ですと「大陸の《コンチネンタル》」、つまりフランスの人類学者たちおよび社会学者たちと英米の人類学者たちおよび社会学者たちの相互理解を妨げている多くの障碍のうち、もっとも厄介なもののひとつが、それぞれの側が掲げる諸研究プログラムの間の溝、それぞれが、大きな差異を抱えたアカデミックかつ哲学的な伝統にどっぷり浸かりつつ、またそれゆえにそれぞれが獲得したアカデミックな無意識(超越物)に左右されつつ掲げる諸研究プログラムの間の溝であるからです。

教員的悟性の諸カテゴリー

そのような反省的認識人類学のプログラムの実践例をひとつお話しします。(現代フランスの)「教員的悟性の諸カテゴリー」を客観化しようとした試み[17]です。あるエリート校リセのフランス語教員が年間をつうじて生徒たち全員に与えていた点数と評価を記したカードをコーパスとしました。生徒たちの年齢、性別、両親の職業とも関連付けました。グラフィック・セミオロジーを応用した技法を使って、フランスの教員たち（これはしかし、イギリスの、またどの先進国の教員についてもおなじだと思います）が分類と評価の作業のなかで、それと知らずに、適用している諸分類図式、つまり見方・分け方の諸原理〔les principes de vision et division〕を明らかにすることができました。彼らのやり方は、植物や病気を分類するときのアフリカや太平洋諸島の原住民たちのやり方とまったくおなじでした。わたくしの研究の土台にあった仮説は、デュルケームやモース、レヴィ＝ストロースが「原始的」あるいは「野生の」思考を構造付けているとした諸分類形態ないし諸認識構造と同様の諸分類図式が学問的思考のなかにも、無意識的な状態で、現存している、という仮説です。ですから、特別な警戒心をもっていないと、民族学者も社会学者も彼らの日常的判断のなかで、そうした分類図式を作動させてしまう可能性があります。とくに審美的判断などがそうです。ヴィトゲンシュタインが指摘していますが、審美的判断はしばしば形容詞に還元されてしまいます。ガストロノミーの判断もそうです。民族学者たちや社会学者たちが同僚の仕事、また同僚自身について下す判断についてもおなじです。「はなやか／まじめ」「表面的／深遠」「重い／軽い」といった二項対立が適用されています。皆さまご

（17） Bourdieu & M. de Saint Martin, « Les catégories de l'endtendement professoral », *Actes de la recherche en sciences sociales*, 3, 1975

自身が、現にいまわたくしがお話ししていることを、肯定的に、あるいは否定的に受け取り評価するために、そのような分類二分法を利用している可能性がおおいにあるわけであります。

フレーザーの誤り

お分かりくださったと思いますが、客観化の主体を客観化するということは単にナルシシックな遊びでもなければ、無益な認識論的自慢話でもありません。それは真に現実的な科学的諸効果をもたらすものです。客観化の主体の客観化は科学の界において占めている位置と連関したさまざまな「倒錯」に気づかせてくれます。たとえば、一部の若い人類学者が、知名度を上げることに焦るあまり、（わたくしの友人であるE・P・トムスンが[*6]揶揄的に「フレンチ風邪」〔French flu〕と呼んだ流行病にかかって）大げさに喧伝する理論的断絶と称するにせ物を見抜かせてくれます。あるいはまた、大学界の再生産論理が持続させるアカデミスムの伝統に閉じこもってしまうために生ずる研究、いや思考の化石化を避けさせてくれます。いや、それにとどまりません。（ストア派の哲学者たちの用語で言えば）思考の「原初的衝動」は、ある時代、ある社会、（ある国の）人類学界のある状態に結びついている無思考、つまり無意識を思考の営為のなかに密輸入します。これはエスノセントリズムに警戒せよ、というだけでは防げません。客観化の主体の客観化、つまり参与的客観化はそうした思考の原初的衝動を絶えず批判的検証にさらすことを可能にしてくれるのです。「レヴィ＝ブリュールの誤り」[*7]と呼びうるものがその例です。おのれ自身の思考と実践を客観化することによって、それらに距離を置くことができなかったために、人類学者と彼が対象とする者とのあいだに、彼の思考と「原始心性」とのあいだに、乗り越えることができない距離をつくりだしてしまう誤りです。

自己認識のない民族学者、おのれの初期の世界経験について正しい認識をもっていない民族学者は原始的なものに対して距離を置いてしまいます。おのれ自身のうちに原始的なもの、前論理的思考を認知しないからです。おのれ自身の実践についてスコラ的な、したがって主知主義的な見方をしているために、思考・行動の諸様式（たとえば呪術的様式）のうちに実践の普遍的論理を認知することができず、それらを前論理的、あるいは原始的なものとして記述するわけです。わたくしは『実践理論素描』[18]で、諸実践の論理についての数々の誤解を分析しました

（18） P. Bourdieu, *Esquisse d'une théorie de la pratique, précédé de trois études d'ethnologie kabyle*, Genève, Droz, 1972

＊6 Edward Palmer Thompson (1924-93) イギリスの歴史家。主著 *The Making of the English Working Class*, Victor Gollancz, 1963（市橋秀夫・芳賀健一訳『イングランド労働者階級の形成』、青弓社、二〇〇三年）

＊7 Lucien Lévy-Brhul (1857-1939) *La Mentalité primitive*, Félix Alcan, 1922

いたします。おのれ自身を認識していないがゆえにフレーザーは、いわゆる原始的行動のうちに、おなじような状況で（われわれすべてと同様）彼自身がとるであろう行動の同等物を認知することができないのだ、とヴィトゲンシュタインは言っています。

なにかに腹を立てているとき、わたしはときどきステッキで地面や木をたたく。しかし、だからといって、わたしは、地面に責任があるとか、杖でたたくことがなにか役に立つなどと考えたりはしない。「怒りを発散させているだけだ」。すべての儀礼はこの種のものだ。そうした諸行為は本能的行為と呼ぶことができる。そして、わたし、あるいはわたしの先祖たちは、かつては、地面をたたくことがなにか役に立つと信じていたというたぐいの歴史的説明はシャドーボクシングのようなものである。なにも説明しない皮相な仮説なのであるから。地面を打つ行為と罰する行為の類似性は重要であるが、この類似性を指摘できるだけである。

ひとたびこの種の現象が、わたし自身がもっている本能と関連づけられると、それこそが望まれていた説明だ、すなわちこの特別な難題を解決する説明だということになる。そして、わたしの本能の歴史についてのより深い研究は他の道を辿ることになる。

ヴィトゲンシュタインはさらに真実に接近します。（こんどはそうとは言っていませんが）自分の個人的経験に依拠しつつ（読者もおなじ経験をしているだろうと言っています）、いくつかのいわゆる原始的行為、おなじような状況ならばわれわれもするであろう行為について語っています。すなわち、その行為自体以外に目的のない行為、その行為をおこなう満足感、その行為がそれをおこなう者にもたらす満足感以外に目的のない行為です。

ひとの絵姿を燃やす。愛するひとの絵姿に接吻する。この行為は、もちろん、画像が表象する対象になんらかの固有の効果を与えるだろうという信念にもとづく行為ではない。それは満足を目指している。そして実際に満足を得る。いやむしろ、それはなにも目指していない。われわれはそのように行動する。そして満足感を得るのだ。

愛する人の墓のまえでひとがおこなう、あの、心理的に必要であると同時にまったく絶望的

（19）Ludwig Wittgenstein, *Remarques sur « Rameau d'or » de Frazer*, Paris, L'Âge d'Homme, 1982〔杖下隆英訳「フレーザー『金枝篇』への所見」『ウィトゲンシュタイン全集』第六巻所収、一九七五年〕

な行為を一度でもおこなったことがある者ならば、ヴィトゲンシュタインがある種の儀礼的あるいは宗教的行為の機能の問題、また意味と意図の問題自体を退けているのは正しいことが分かるでしょう。彼はまた「フレーザーは大半の『未開人《ソーヴァージュ》』よりも『未開人』だ」と言っていますが、これも正しいと思います。なぜなら、おのれ自身の精神的体験について「親密な認識」を欠いているために、自分が躍起になって説明しようとしている諸精神的体験を何も理解していないことを理解していないからです。引用できる所見は数多くありますが、「魔術の嫌疑をかけられている者たちの体毛をすべて剃る」慣習についての見解を引用します。

疑う余地もなく、体毛をすべて剃る、といった、われわれを自分自身の目に恥ずべき存在、あるいは滑稽な存在と見せるような取り扱いは自分を護ろうとする意志を完全に失わせてしまう可能性がある。自分の身体的劣等性あるいは自分の容姿の劣等性にわれわれは(すくなくとも多くの人々は)どんなに深く困惑することか。

この分析者ヴィトゲンシュタイン自身の個人的告白ともいうべき所見はポストモダン的反省性の使徒たちのナルシス的な告白とは対極的なものです。この簡潔率直な所見には、自己認識を欠いた人類学者が持ち出すさまざまな誤った説明の煙幕を解消させるというメリットがあります。また、さまざまな異質の諸経験を比較させ、それらの親近性と深さを理解させてくれるというメリットがあります。

分析者である自己を分析する

それはつまり、エスノセントリズム（あるいはアナクロニスム）批判は、第一次元では、認識主体を認識対象のなかに不当に持ち込むことへの警告として正当であるけれども、別の次元では、人類学者（あるいは社会学者、歴史学者）が自分の経験を、もちろん、あらかじめ対象化され分析された経験を合理的にもちいて、異質な他者の諸経験を理解し分析するのを妨げる可能性があるということです。諸社会科学で普遍的に認められている格率、研究者は自分の研究に自分自身をいささかも持ち込んではならないという格率ほど間違ったものはない、とわたくしは考えています。逆に、自分自身の経験を絶えず参照することが必要です。ただし、（もっともすぐれた研究者たちにもよくあることですが）後ろ暗い思いをしながらではなく、また、無意識的でなく、コントロールされないやり方でなく、ということです。わたくしがカビリアの女性あるいはベアルン地方の農民に関心をもったとしましょう。アルジェリアからの移民あるいはフランスの店員や事務職員、工場労働者、初等教員、経営者、フロベールのような作家、マネのような画家、ハイデガーのような哲学者に関心をもったとしましょう。いずれの場合においても、いちばん難しいのは、パラドクサルなことですが、彼らはいずれもわたくしとおなじような人間だということをけっして忘れないことです。彼らは彼らの行動——始業式典を取りしきる、葬儀に参列する、契約交渉をする、絵を描く、アカデミックな儀礼に参加する、講演をおこなう、誕生パーティに出席するなどなど——の前に立っているのではないという点で、つまり観察者の位置にいるのではないという点で、彼らはわたくしとおなじ人間だ、ということを忘れてはなりません。つまり、正確に言えば、彼らはいま自分が何をしているかを知らない（少なくとも、いまわたくしが観察者・分析者としてそれを知ろうとしているという意味では知らない）という点で、彼らはわたくしとおなじ人間だ、ということです。彼らは彼らの実践についての科学的真理——わたくしが彼らの実践を観察することをとおして引き出そうとしている科学的真理——を彼らの頭のなかにもっていません。さらに言えば、ふつう彼らは、わたくしが彼らに対して人類学者として振る舞おうとするときにかならず問うような問いを問うことをしません。なぜそのような式典なのか。なぜそのロウソクなのか。なぜそのケーキなのか。なぜそのプレゼントなのか。なぜそのような招待状なのか。なぜその招待客たちなのか。などなどです。

ですから、いちばん難しいのは、彼らを理解すること（これもそう簡単なことではありませんが）ではなく、わたくしが、別の面で、実際的に、よく知っていることを忘れてしまうのを避けることです。つまり、彼らは、理解し説明する意図、研究者としてわたくしがもっている意図はまったくもっていないという事実を忘れてはなりません。したがって、彼らについてわたくしが構築する問題系と、それに答えるためにわたくしが構築する理論とを彼らの頭のなかに置いてはならないのです。フレーザー流の民族学者は、自分自身に距離を置くことによって、自分自身の通常あるいは非通常の諸実践の通常の経験についての真実を獲得するということができないために、自分の経験と自分の対象の経験とのあいだに乗り越えがたい距離をつくりだしてしまいます。それとおなじで、思考する思考の思考されない諸前提、つまりスコラ的バイアス〔scholastic bias〕と絶縁することができないために、社会学者と経済学者は自分の前反省的世界経験を制御できず、ホモ・エコノミクス神話と「合理的行動理論」が体現するスコラ的思考を通常の経済活動者の行動に持ち込んでしまうのです[20]。

ですから、実践の論理の、他に還元できない固有性をしっかりと心にとどめて、「あらかじめ社会学的批判にさらした社会的経験」という代えがたい科学的資源を放棄しないようにしなければなりません。カビリアにおけるフィールドワークを進めながらわたくしは、自分が観察している諸実践を理解するため、また同時に、それらについて自分が自生的におこなう解釈か

(20) P. Bourdieu, « The Scholastic Point of View », *Cultural Anthlopology*, 5, 1990, p. 380-391

ら、あるいはインフォーマントたちがわたくしに与える解釈から自分を守るために、自分が、自分の子ども時代を過ごしたベアルン地方の社会における経験を絶えず想起していることに、はやくから気づいていました。たとえば、自分の集団の諸区分についてたずねられたあるインフォーマントがさまざまな規模の諸単位を指す語を並べ立てました。そこでわたくしが考えたのは、彼が挙げた adhrum とか thakharrubth などという「社会的単位」はベアルン地方の住民がときに持ち出す、近隣同士の集合、lou besiat という単位（フランスの一部の民族学者はこれに科学的に認知された地位を与えています）以上に「実在性」があるのだろうか、ということでした。というのは、lou besiat は臨時の集合、いわば「バーチャルな」集合にすぎないことを直感していたからです。この直感はその後の研究で何度も確認されました。lou besiat はある種の明確な状況、たとえば死者の遺体を搬送するときに、参列者を決め、彼らの序列を定める場合などにのみ、「現実化する」集合、実在し行動する集合なのでした。

科学的主体の形成

しかしながらこれは、インフォーマントたちの通俗理論、あるいは民族学の伝統の通俗理論から身を守るためにわたくしが自分の原初的な認識を参照した数多くのケースのひとつにすぎません。わたくしが、一九六〇年代、カビリアの調査を進めていたまさにそのときに、ベアルン社会を直接研究することにしたのは、そうした自生的批判諸手段を批判的に検証するためでした。わたくしは、さまざまな明白な差異にもかかわらず、ベアルン社会はカビリアの農村社会と多くの類似性を秘めていると直感していました。この場合にしても、パリ大学の教授たちについての研究にしても、言明され明示された対象を越えて、現実の対象は客観化の主体でした。いや、もっと正確に言えば、客観化するという構えの認識的諸効果でした。すなわち、すべての人々がわたくしに馴染みの人たちだという、彼らにたずねるまでもなく、その個人的・集合的歴史をすべて知っているという社会世界の経験が――それらをただ単に生きるということをやめて、対象として取り上げることにしたときに――こうむる変化でした。反省性の、この最初の意図的・方法的行使は、初期経験の客観化という反省的契機と、このように客観化され批判された経験を、それをさらにいっそう客観化する諸行為のうちに投資するという積極的契機とのあいだの不断の行き来の出発点になりました。まさにこの行き来の運動のなかで、目に見えない諸関係を把握することができる「人類学的目」としての科学的主体、また「スコラ的バイアス」(オースティンがその効果を話題にしています[21])とその効果を漸進的に発見する能力を基

(21) John. L. Austin, *Sens and Sensibilia*, Oxford, University Press, 1962, p. 34〔丹治信春・森屋唱享訳『知覚

礎にした（実践的）自己統御力としての科学的主体が次第に形成されていったのだと思います。

反省的契機と積極的契機の行き来の効果

このようにお話ししていますと、はなはだ抽象的で、またいささか傲慢だという印象を与えるのではないかと思います。（研究者としての半生をつうじて、自分が成し遂げえた進歩をいわばゆっくりとしたイニシエーションの歩みとして生きたなどと言うのは、なにかたわごとめいているかもしれません。しかしわたくしは、自分をよりよく識るにつれて世界をよりよく識るようになる、科学的認識と、自己についての、また、自己の社会的無意識についての認識とは並行的に進歩する、科学的認識によって変化した初期の経験は科学的実践を変化させる、その逆も真である、と確信しております）。わたくしは、実は、きわめて単純で具体的な経験にもとづいてお話ししているのです。ひとつ例を挙げますと、自分も映っている小学校の学級写真について幼友達と話したのがきっかけになって、ベアルン地方の独身男性の問題を調査していたときのことです。[22]結婚交換の形式モデルを構築しようとしていたのです（レヴィ＝ストロース構造主義の全盛時代です）。ある日、わたくしにとってもっともコンスタントでもっとも賢明なインフォーマントの一人であったひと（つまり、わたくしの母です）とおしゃべりをしていました。自分の調査のことはすこしも考えていませんでしたが、気にかけていたことは聞違いありません。村のある家族について、母がふと言ったのです。「あのね、あの人たちはXさんち（村のもうひとつの家族）の息子がポリテクニック〔理工科学校〕に入ってからというもの、Xさんちの親戚だ、親戚だと言うようになったよ」。母のこのことばは、結婚をもはや規則の論理（これの不十分さについてはカビリア研究のなかですでに気づいていましたが）でなく、構造主義の正統理論に抗して、戦略として考える出発点になりました。縁組する家族の資産関係をとおしての経済資本の保存ないし増加をめざす、あるいは縁組によってもたらされる諸「コネ関係」の広がりと質をとおしての社会資本と象徴資本の保存ないし増加をめざすという、固有の諸利益によって方向づけられた戦略です。(23)

（a）社会的構築物としての集合体

これで、諸集団——クラン、部族、地域集団、階級、民族——の存在についてのわたくしの

の言語——センスとセンシビリア』、勁草書房、一九八四年〕

（22）P. Bourdieu, « Célibat et condition paysanne », *Études rurales*, 5-6, avril-semptembre 1962, p. 32-136〔次に所収 *Le bal des célibataires, Crise de la société paysanne en Béarn*, Éd. du Seuil, 2002（須田文明他訳『結婚戦略——家族と階級の再生産』、藤原書店、二〇〇七年）〕

（23）P. Bourdieu, « De la règle aux stratégies » (entretien avec Pierre Lamaison), *Terrains*, 4, mars 1985, p. 93-100

考え方が次第に完全な変化をとげることになりました。(24) 現実のなかで、また民族学的記述のなかで明確に境界を定められた「実在的な《レエル》」実体《アンティテ》でなく、あるいは厳密に系譜的な基準に従って紙の上で定義された系譜的諸集合でなく、それら諸集団は社会的構築物である、多かれ少なかれ人工的《アルティフィシエル》な工作物《アルテファクト》である、持続的な交換によって、また「集団形成《グループ・メイキング》」の物的・象徴的働きによって人工的に維持される工作物である、と考えるようになりました。(このグループ・メイキングの作業はしばしば女性の役割とされます。さきほど、自己客観化の反省的契機と、自己客観化の成果をさらなる客観化の作業に投資する積極的契機とのあいだの行き来について述べましたが、アメリカの人類学者、ミカエラ・ディ・レオナルドの仕事(25)がその例です。彼女は、今日、アメリカの女性はしきりに電話を使う種族と見なされている――そのために「おしゃべり」というレッテルを貼られている――と言っています。自分の家族との親族関係だけでなく、夫の家族との親族関係を維持する役割を負わされたからだというのです)。おなじように、わたくしは資産および家族としてのベアルンの「家」を、そしてこの「家」が他のライバル関係にある諸「家」に対して自己を主張し自己を守るために頼る諸戦略を分析しました。この分析はわたくしが「国王の家(王室)」と呼ばれるものをまったく新しい仕方で理解するのを可能にしてくれました。「国家理性」と呼ばれる固有の論理、すなわち合理的官僚制国家の論理が漸次的に確立される以前に、「国王の家(王室)」は、その資産を保守あるいは増加させるために、ベアルンの「家」とその「家父長」が実践していた再生産戦略、言うまでもなく、資産を保守あるいは増加させる結婚戦略、一族の象徴資本を増加させることをめざす名誉闘争、継承戦争と原理においても実践においてもまったく同等の再生産戦略を拠りどころとしていたのです(26)。

(b) 象徴資本

いま「名誉」ということばを使いましたが、この概念はわたくしの初期の民族学的研究の対象でした(その成果は、わたくしの民族学者としての第一歩を見守ってくださった、ジュリアン・ピット＝リヴァーズ[＊8]、フリオ・カロ・バローハ[＊9]、ジョン・G・ペリスタニー(27)といった先人たちにもお目にかけました)。こうした

(24) P. Bourdieu, « Espace social et genèse des “classes” », *Actes de la recherche en sciences sociales*, 52-53, juin 1984, p. 3-12

(25) Michaela Di Leonardo, « The female world of cards and holidays: women, families, and the work of kinship » *Signs*, 12, 1987, p. 410-453〔ディ・レオナルド(1949-)はノースウェスタン大学教授〕

(26) P. Bourdieu, « De la maison du roi à la raison d'État: un modèle de la genèse du champ bureaucratique », *Actes de la recherche en sciences sociales*, 118, juin 1997, p. 55-68

(27) John G. Peristiany (1911-87) イギリスの人類学者。フランスの高等学術研究院でも教えた。

＊8 Julian Pitt-Rivers (1919-2001) イギリスの社会人類学者。アメリカ(カリフォルニア大学バークレー校、シカゴ大学)、フランス(高等学術研究院)で教えた。

＊9 Julio Caro Baroia (1914-95) スペイン・バスク出身の人類学者。アメリカ、イギリスの大学でも教えた。

長期にわたる研究過程での経験的観察と分析、理論的反省を経て、わたくしは「名誉」概念から「象徴資本」という概念に移行したのです。これは象徴財経済のもっとも典型的な諸現象を分析するためにきわめて有効な概念です（象徴財経済はもっとも現代的な経済のなかに、たとえば巨大グループ企業とその財団のメセナ活動が推進する特殊な象徴的投資政策のなかに生き続けています）。

（c）リビドー・アカデミカ

自己客観化の反省的契機と、自己客観化の成果をさらなる客観化の作業に投資する積極的契機とのあいだの行き来がいかに有効であるかの、もうひとつの例を挙げましょう。ヴァージニア・ウルフの『灯台へ』[28]のなかに、いくつかの神話的構造を発見したのですが、これは、わたくしがカビリア人の（あるいはより一般的に地中海人の）両性間の分業についての見方に親しんでいたために鋭利になった目があってこそ可能になったのでした。この小説でウルフがおこなっている、男性である支配者が自分の支配によっていかに支配されているかのきわめて精緻な分析のおかげで、反省性の営為をさらに進め、人類学を人類学に徹底的に適用できなかった人類学者の鋭敏性の限界を発見できたのです。とりわけ、男性性《マスキュリニテ》の錯乱の特徴的な形態のひとつであるリビドー・アカデミカについてのウルフのこのうえもなく残酷で繊細な記述は有益でした。彼女のこの記述は、『ホモ・アカデミクス』があれほど冷徹に客観主義的でなければ、客観化の対象と主体にあれほど距離を置いていなければ、そのなかにそのまま採用できるものでした。

（d）制度化儀礼

さらに、人類学のコントロールされた利用の例をもうひとつ挙げます。（今日、とくにフランスで、エグゾティックなフィールドに事欠いた一部の民族学者が民族学的アナロジーを濫用しますが、それとはまったく関係ありません）。わたくしは「通過儀礼」〔rites de passage〕を「制度化儀礼」〔rites d'institution〕として再定義しました[29]。それから出発して、「エリート校」のもっとも隠された機能のひとつ（とりわけ養成と選抜という機能によって隠された機能）を発見し分析することができました。すなわち、エリート校はみずからに委ねられた者たちを聖別《コンサクレ》する――彼らを、乗り越えがたい境界によって普通の者たちから切り離され区別された者たちとして制度化《アンスティテュエ》することによって、彼らに卓越した本質を付与する――という機能です。さらに幅広く、より親密な仕方で、またより深いとこ

（28）Virginia Woolf, *La Promenade au phare* (traduction de Maurice Lanoire), Paris, LGF, 1983〔*To the Lighthouse*, 1927.『灯台へ』伊吹知勢訳、みすず書房、一九七六年、御輿哲也訳、岩波文庫、二〇〇四年、鴻巣友季子訳、河出書房新社、二〇〇九年〕

（29）P. Bourdieu, « Les rites d'institution », *Actes de la recherche en sciences sociales*, 43, juin 1982, p. 58-63; « Comprendre » *in* P. Bourdieu *et al. La Misère du monde*, Paris, Seuil, 1993, p. 903-939

ろで、アカデミスムの伝統的儀礼――共同体が遂行し、また要求する新たな誕生を、一堂に会した共同体が厳かに承認するという機能と効果をもつ儀礼――の総体を理解することができました。たとえばイギリスやアメリカの大学の卒業式や学位授与式です。これは、長い準備的イニシエーションの終わりを厳かに画し、聖別の期待のなかで、またその期待によって実現する緩やかな変貌を公的行為によって承認する儀式です。コレージュ・ド・フランスなどの就任講義もその例です。さらには、いまわたくしが皆さまの前で皆さまと共に遂行しているような、列聖化された人類学者たちの、目に見えない殿堂への歓迎式典もその例であります。

(e) イニシエーションとしての科学研究

最後に、反省性のもうひとつ別の効果、おそらくより個人的な効果、しかし、わたくしの考えでは、科学研究の進歩にとってひじょうに重要な効果について述べたいと思います。わたくしは次第に、自分の意に反して、また自分の初期の世界観の諸原理に反して、科学研究にはイニシエーション的探求のような側面があると考えるようになりました。誰しもが知っているように、わたくしたちは皆、過去、自分の過去を抱え込んでいます。そしてこの社会的過去は、庶民的／ブルジョア的、男性／女性などさまざまであり、また常に、精神分析が探り出す過去と絡み合っているのですが、社会科学の研究にたずさわっている者には重い障碍となります。

マックス・ヴェーバーの権威と、彼の「価値中立性」原理の権威とを笠に着た方法論的正統派に反して、わたくしは、研究者は自分の研究行為のなかに自分の経験、すなわち、この過去を動員できるし動員すべきであると確信していると言ってきました。しかしそれは、研究者がこの過去をきびしい批判的検証にさらした上でという条件つきのことです。というのは、問うべきであるのは単に再活性化された過去のみでなく、その過去に対する関係のすべてであるからです。その過去が無意識的に作用したときには、過去の想起、また想起された記憶が大きく歪曲されるもとになるからです。過去に対するこの関係、自己に対するこのきわめて捉えがたい関係についての真の社会分析のみが、研究者の自己自身との、また自己の社会的諸特性との和解、解放をもたらす自己想起が生み出す和解に至ることを可能にしてくれるのです。[30]

結び

またしても、傲慢だ、抽象的だと思われる怖れがあることは承知しております。しかしながら、わたくしの念頭にあるのは、きわめて単純な、すべての研究者がみずから体験できる（と

（30） P. Bourdieu, *Science de la science et réflexivité*, *op. cit.*〔『科学の科学』前掲〕

わたくしは思います）経験、そしてひじょうに大きな科学的利益、また個人的利益を得ることができる（と思います）経験です。わたくしは、カビリアとベアルン地方、遠い植民地と自分の出身地である村で、ほぼ同時に、民族学的研究をおこないました。そのときわたくしが働かせた反省性という装置はその効果として、自分の出身環境を民族学者として――すなわち、研究対象に払うべき科学的であると同時に倫理的な尊敬の念をもって――考察するべく仕向けてくれました。庶民的で田舎の、遅れた（「アルカイックな」と言う人もいるでしょう）環境です。かつては、わたくし自身、軽蔑し否認するよう仕向けられた（あるいはそう強いられた）環境です。あるいはまた、中央に、そして中央の文化的諸価値におそるおそる（また熱意、渇望をもって）統合されようとしていた時期には無意識のなかに抑圧しようとしていた環境です。このように、自分の初期世界に対して、理解すると同時に客観化する専門家としての目を向けることができるようになっていたからこそ、親近性と距離、共感と拒否（いや嫌悪）が入り交じった両義的な関係の暴力性を免れることができたのだと思います。また、しばしば知識人が陥る空想的「人民」へのポピュリスト的おもねりを避けることができたのだと思います。そして、もっとも精緻な方法論の教科書が課する厳格な諸要求を凌駕する、このような全人格的な回心〔la conversion de toute la personne〕こそが、あの理論的回心――対象に対してなお距離のありすぎる現象学的分析よりもはるかに効果的な、世界に対する実践的関係をわたくしがみずからのものにすることを可能にしてくれた理論的転向――の根元になったのだと思います。この転向は、ある日、突然の天啓によって成し遂げられたのではありません。ベアルンのわたくしのフィールドになんども立ち帰る（独身男性の問題は三度論じました）ことが必要でした。技術的・理論的理由からです。また分析作業は、その度に、ゆっくりとした、そして難しい自己分析の作業をともなっていたからです[31]。

つまるところ、わたくしが一貫して民族学と社会学を仲立ちすることに努めてきたのは、この区別は科学的に不吉であり、根底的に撤去しなければならないと確信していたからです。そしてまた、お気付きのように、わたくし自身のふたつの部分のあいだの完全に克服されることのない、苦痛をともなった分裂と、その分裂がわたくしの科学的実践とまたおそらくはわたくしの生き方に招き入れる矛盾ないし緊張とを回避するひとつのやり方であったからです。レヴィ＝ストロースのあの『構造人類学』という本のタイトルは彼の学問の社会的成功（あるいは流行）に貢献した戦略的「一発勝負」だった、と指摘したことがあります。フランス語の「民族学」〔ethnologie〕という言葉は狭すぎるとして、ドイツ語の Anthropologie がもつ深遠さと英語の anthropology がもつモデルニテを併せもつ anthropologie を採用したという点においてです。

（31）P. Bourdieu, *Le Bal des célibataires*, *op. cit.*〔『結婚戦略』前掲〕

そのような指摘はしましたが、わたくしとしては、人間にかんする諸科学の統一性が、こんにち、世界のすべての言語において「民族学」と「社会学」という言葉が意味するものを指し示す「人類（人間）学《アントロポロジー》」という旗のもとに確固として主張されることを心から願うものであります。

訳者解説

第Ⅰ部

倉方健作

ここに収録したのは Pierre Bourdieu et Roger Chartier, *Le Sociologue et l'historien*, Agone et Raison d'agir, 2010 の全訳である。ブルデューとシャルチエは親密さを示す二人称 tu を用いて対話をおこなっている。そこには互いの仕事への敬意と尊重が一貫して感じられ、日本語では「あなた」と訳して統一した。歴史学、社会学の用語の日本語への置き換えはおおむね慣例に従った。本書には確認できた範囲でドイツ語訳（二〇一〇年）、スペイン語訳（二〇一一年）、中国語訳（二〇一二年）、英訳（二〇一五年）があるが、このうち英訳（*The Sociologist and the Historian*, translated by David Fernbach, Polity Press, 2015）を適宜参照した。翻訳にあたっては各章に小見出しを付した。

原書の成立に関してはシャルチエが「まえがき」で詳しく語っている。一九八八年のラジオ放送「生の声で」の音声は現在、ＩＮＡ（フランス国立視聴覚研究所）で有償で公開されているほか、二〇〇二年のブルデューの死後に再放送されたこともあり、インターネット上の動画・音声サイトでも比較的簡単に入手できる。放送音声と本文を付き合わせてみると、書籍化にあたって発言に多少手を入れた部分が見受けられるが、文法上必要な訂正や表現の微修正に留まり、論旨やキーワードに変更はない。専門用語の羅列に陥ったり、難解な理論を一方的にまくしたてたりといったことが一切なく、聴衆を意識しながら、両者の論旨は嚙み合って実りある議論を展開している。これほど密度の高い対話が実際に交わされたという事実にはあらためて驚かされる。

シャルチエが書いているように、ブルデューの思考法を生き生きとした対話のレベルで捉えている点に『社会学者と歴史学者』の長所はある。また、収録時点におけるキャリアと立ち位置を明確にすると同時に、やがて『芸術の規則』などの著作に結実する思考の原形を示している本書は、社会学者ブルデューの全体像に見取り図を与える格好の入門書でもある。ただし、本書は「対話」の記録であり、ブルデューへの「インタビュー」ではない。単なる質問者の立場に留まらず、ともに議論を形成しているシャルチエのキャリアと立ち位置を把握することで、内容がより正確に理解されるだろう。

多くの著作が日本語にも訳されているシャルチエだが、本書の「まえがき」では一九八七年当時の自分自身について、「駆け出しではないにせよ目立つ存在ではなかった」と語っている。謙遜によって事実が多少歪められている感を受けないでもない。一九四五年生まれ、収録時に四二歳のシャルチエは、一九八四年から研究指導教授をつとめていた社会科学高等研究院（ＥＨＥＳＳ）で、「文化的実践の社会史」（Sociohistoire des pratiques culturelles）と題したゼミを担当していた。アンシァン・レジーム期の書物と読書を研究対象としていたシャルチエは、『アナール』の伝統を継承しながらも、慣習的・常套的な研究手法からは距離を置いていた。これは当時の歴史学研究界で必ずしも共有されていなかった「実践《プラティック》」という語の使用にも見てとれる。のちにシャルチエ自身がこの概念の由来を語る際は、主にデュルケームとモースに拠ることが多いようだが、そこにはブルデューの影響が明らかに存在する。

シャルチエがブルデューを語ったテクストには、一月二六日付『ル・モンド』に寄せた追悼文が邦訳されているほか（石井洋二郎訳「マルクスよりもパスカル」加藤晴久編『ピエール・ブルデュー 1930-2002』所収、藤原書店、二〇〇二年、二三八—二四一頁）、雑誌『人文科学』(*Sciences Humaines*) の特集号に寄せたインタヴューがある（同特集号は二〇〇八年に改訂増補され単行本として刊行された。*Pierre Bourdieu : son œuvre, son héritage*, Sciences Humaines Éditions, « La Petite Bibliothèque de Sciences Humaines », 2008)。シャルチエはそのなかで、自身の「ブルデュー体験」を語り、一九六〇年代に『遺産相続者たち』と『再生産』から最初の衝撃を受け、『ディスタンクシオン』を経てから読んだ『実践感覚』によって、「実践《プラティック》」理論を歴史学に援用するための基本が形成されたと明言している。狭義の歴史学とは見なされていなかった隣接分野の業績や操作概念を利用することで、『アナール』の伝統的な「心性史」(histoire des mentalités) から「文化史」(histoire culturelle) へ、「文化の社会史」(histoire sociale de la culture) から「社会の文化史」(histoire culturelle du social) へと研究を発展させたのである。この過程ではブルデュー以外にも、エリアスとフーコーから影響を受けたとシャルチエはしばしば語っている（エリアスの複数の著作の仏訳には序文も書いている）。『社会学者と歴史学者』の対話においても、エリアス、フーコーの名前をまず挙げたのはシャルチエのほうであり、どこかブルデューの反応を観察しているようでもある。対話の翌年、一九八九年には論考「表象としての世界」（« Le monde comme représentation »）（ジャック・ルゴフほか、二宮宏之編訳『歴史・文化・表象』所収、岩波書店、一九九二年、一七一—二〇七頁）を『アナール』に発表し、従来の歴史学に見直しを迫る旗手としての立場を鮮明にした。「生の声で」の対話は、ブルデューと同じく、自らが身を置く界《シャン》の現状を強く意識するシャルチエの緊張感にも支えられている。

ブルデューの問題意識に、彼自身の出自が影響していることはよく知られている。この点に関しては加藤晴久『ブルデュー　闘う知識人』（講談社選書メチエ、二〇一五年）に詳しい。ここでシャルチエ自身の「ハビトゥス」の形成を併せて知っておくことも、対話の理解にとって無益ではないだろう。シャルチエは何度か日本向けのインタヴューをおこなっており、そのなかで自身の生まれから思想の形成過程を詳しく語っている（「歴史という知の技法」福井憲彦編『歴史の愉しみ・歴史家への道——フランス最前線の歴史家たちとの対話』所収、新曜社、一九九五年、一一—六四頁；「歴史のプラティックと認識論的省察」イザベル・フランドロワ編、尾河直哉訳『「アナール」とは何か——進化しつづける「アナール」の一〇〇年』所収、藤原書店、二〇〇三年、三二七—三五二頁）。フランス人の読者、とりわけ同じ界《シャン》に身を置く同業者に対してであればこれほど明け透けに語ることはないだろう、と思わせる率直な告白であり、ブルデューが日本向けのインタビュー（「現代フランス思想と私」『ピエール・ブルデュー　1930-2002』所収、藤原書店、二〇〇二年）のなかで、しばしば『自己分析』以上に明確な回想や人物評をおこなっている事実とも重なり興味深い。

シャルチエは一九四五年にリヨンに生まれている。父親は室内装飾の専門職人としてリヨン市役所に勤める公務員、母方の祖父はリヨン伝統の絹織物製造のための梳き櫛を作る職人であり、家系は職人的な労働者階級に属していた。リセ卒業後はサン＝クルー高等師範学校受験のための準備学級に入った。ブルデューの出身校である最難関のパリ高等師範学校を目指さなかった理由は、当時重視されていたラテン語とギリシャ語の試験で合格圏に入ることが難しいと悟ったためであり、対してサン＝クルー高等師範学校は「現代的な学問に沿った」試験であった、とシャルチエは語っている。合格後、制度上の規定により専攻を選択する必要に迫られると、文学とのあいだで悩んだ末に歴史を選んだ。この決定には、リヨンの文書館で働いていた伯父の職場を子供の頃にたびたび訪れて、書物や記録に対する関心があったためだと彼自身は説明している。ただしシャルチエは、自分の内的な経験を客観化することの困難には自覚的である。自伝に付きまとう幻想にも警戒を忘れず、体験が決定の主たる要因であるとはけっして断言しない。このような姿勢は『社会学者と歴史学者』のなかで、特に歴史の叙述方法について「簡単に語りや物語の形式に落とし込む」ことを警戒する部分にも見られる。

サン＝クルー高等師範学校は、ピエール・グベール、ミシェル・ヴォヴェル、ダニエル・ロッシュら「心性史」の中心的な歴史学者を輩出した学校でもあった。分野に先鞭をつけたグベールに学んだロッシュが当時母校の講師をしており、歴史学者としてのシャルチエの形成に大きく影響した。一九六九年、サン＝クルー高等師範学校を卒業するとすぐにパリの名門リセであるルイ・ル・グラン校の教師となった。翌年パリ第一大学の助手に採用されたため同校を一年間で去っているが、そもそもあまり良い印象を抱いてはいなかったという。「あまりよい思い出ではありません。あのリセは、ブルジョワ階層の子弟、それも本当のブルジョワの子どもたちが通っていたリセで、彼らは社会的な成功へ向かって、ひじょうに強いプレッシャーをかけられています。いまではだいぶ変わりましたが、当時は数学の比重がものすごく高くて、成功のためには、数学や数学化された分野で成功しなければならない。人文系の分野は軽視されていました。ごく一部の生徒、それも六八年を経て政治に目覚めたような生徒しか、関心を示しませんでしたね。ですから、関心の薄い生徒たちに歴史や地理を教えるのは、えらい苦労でした」。シャルチエは、自分自身の自己形成とも比較しながらこのような実感を持ったに違いない。ブルデューの著作への理解と共感をさらに増す契機ともなったのではないだろうか。その後社会科学高等研究院に職を得たのは先述したとおりだが、二〇〇六年には、生前のブルデューと同じく、コレージュ・ド・フランス教授となっている。したがって『社会学者と歴史学者』の「まえがき」で、ブルデューの思考法を覆い隠す要因のひとつに「コレージュ・ド・フランス教授という絶大な権威」を挙げるシャルチエは、同じ立場の重さ、役割に縛られる不自由さも実感していることになる。

なお彼が長年かかわったラジオ番組「歴史の月曜日」は、シャルチエと同じく、重要な出演者であったジャック・ル゠ゴフの死去を受けて、二〇一四年六月で終了した。

こうしてブルデューとシャルチエ両者の経歴と、それぞれの「界《シャン》」における当時の立ち位置を考慮に入れれば、定冠詞で総称的意味を表すことで分野自体の対立をも想起させる『社会学者と歴史学者』(*Le Sociologue et l'historien*) というタイトルは適切ではないかもしれない。ブルデューとシャルチエはむしろ、狭い学問分野の枠をこえて問題意識を共有している。

第II部

加藤晴久

第I部のロジェ・シャルチエとの対話『社会学者と歴史学者』に続けて、第II部には次の三つの口述テクストを収載した。

① *Leçon sur la leçon*, Les Éditions du Minuit, 1982, 56p.『講義についての講義』

② Le discours prononcé le 7 décembre 1993 lors de la remise de la médaille d'or du CNRS「国立科学研究センター・ゴールドメダル受賞講演」

③ « L'objectivation participante », (le discours prononcé le 6 décembre 2000 lors de la remise de the Huxley Memorial Medal 2000 à the Royal Anthropological Institute of Great Britain and Ireland)「参与的客観化」（英国王立人類学研究所 ハクスレー記念メダル受賞講演）

これら三つのテクストに共通する性格は、一六世紀のジョアシャン・デュ＝ベレーの『フランス語の擁護と顕揚』（*La défense et l'illustration de la langue française*）に倣って言えば「社会学の擁護と顕揚」であり、二〇世紀の歴史家マルク・ブロックの『歴史のための弁明あるいは歴史学者のメチエ』(*Apologie pour l'histoire ou Métier d'historien*) に倣って言えば、「社会学のための弁明あるいは社会学者のメチエ」である。この点を考慮して、第Ⅱ部を「社会学のための弁明」とくくり、無題であった②国立科学研究センター・ゴールドメダル受賞講演を「社会学の擁護」と題した。

以下、それぞれについて、簡略に解説する。

①『講義についての講義』は一九八二年四月二三日におこなったコレージュ・ド・フランス教授への就任講義である。ミニュイ社から刊行されたが、一回の講義の再録であるから、五六ページの小冊子である。フランスではともかく、他国では一冊の本にしにくい。英訳は、*Les choses dites*(石崎晴己訳『構造と実践』、藤原書店)の英訳 *In Other Words, Essays Towards a Reflexive Sociology*, Polity Press, 1990 に、この本を締めくくる形で「第四部結論」として収録されている。もちろん、ブルデュー同意の上でのことであろうが、適切な処理というべきだろう。

ブルデューは一九八一年一〇月一四日発令でコレージュ・ド・フランス教授に任命され、二〇〇〇年九月一日付で定年退職するまで、約二〇年間勤務した。教授選任投票では、ブルデューが二二票を獲得し、一〇票のアラン・トゥレーヌ(一九二五年生まれ)を制した。[1]

ブルデュー五一歳。二つの主著『ディスタンクシオン』(一九七九年)と『実践感覚』(一九八〇年)をひっさげての就任である。『ホモ・アカデミクス』(一九八四年)、『国家貴族』(一九八九年）、『芸術の規則』（一九九二年）と輝かしい業績が続く。

ブルデューの教え子であり、一九八〇年代、コレージュ・ド・フランスで助手を務めていたイヴェット・デルソーは、ブルデューの書誌を刊行するに際して、ブルデューが入院する直前の二〇〇一年一一月（翌年一月二三日に死去！）、強く望んでインタビューをし、書誌に付した。そのなかでブルデューは「自分が言ったすべてのこと、あるいは自分として言うべきすべてのことを含んでいるような本」つまり「全体的な本」（un livre total）を書きたいという幻想《ファンタスム》を語っている。(2) ブルデューの伝記の著者であるマリ＝アンヌ・レスクーレは、コレージュ・ド・フランス教授就任講義『講義についての講義』こそがその幻想を実現しているテクストであろう、と述べている。(3) ブルデューは、社会学の定義とその役割、社会学の科学性と自立（律）性、哲学と知識人に対する自分の立ち位置、ハビトゥス、界などの基本的諸概念など、「すべて」を、この一回の講義、五六ページの小冊子に取り込んでいる。

みずからの学問を語りながら、それを、コレージュ・ド・フランスの現役および過去の教授の仕事に関連づけているのは、就任講義の儀礼的約束事を尊重してのことである。

②国立科学研究センター（Centre national de la recherche scientifique：ＣＮＲＳ）は高等教育研究省所管の、世界有数の規模をもつ研究機関で、一九三九年に設立された。二〇一五年現在で、三万一四四四名を雇用し、そのうち二万四六一七名が常勤者。常勤者のうち、一万一一〇六名

が研究者、一万三五一一名が技師、技術者、事務職である。年間予算は三三億ユーロ（一ユーロ一三〇円で換算すると四二九〇億円）。独自の研究所も、相当数、設置されているが、一一一六の研究単位の大半は、他の大学、高等専門学校、研究機関、あるいは民間企業と連携して運営されている。

ＣＮＲＳが一九五四年以来、毎年、ひとり（ごく稀にふたり）の研究者に授与するゴールドメダル賞はフランスで最高の学術功労勲章である。[4] 二〇一七年までの七一人の受賞者の大多数は、数学・物理学・化学・生物学・宇宙科学など理系の学者であるが、一九六七年にクロード・レヴィ＝ストロース（人類学）、一九七八年にモーリス・アレー（八七年にノーベル経済学賞も受賞）、一九八四年にジャン＝ピエール・ヴェルナン（歴史学）、一九八六年にジョルジュ・カンギレーム（哲学）、一九九一年にジャック・ル＝ゴフ（歴史学）、一九九五年にクロード・アジェージュ（言語学）、二〇〇一年にモーリス・ゴドリエ（人類学）、二〇〇七年にジャン・ティロル（一四年にノーベル経済学賞も受賞）が受賞している。いずれもそれぞれの分野の世界的権威である。

受賞講演のなかで、ブルデューは新興学問である社会学の若い研究者たちの生活条件・研究条件の向上を直截に訴えたあと、科学社会学の意義を力説している。

③英国王立人類学研究所（ＲＡＩ）は一八四三年に設立されたロンドン民族学学会に淵源

をもつ世界最古の人類学研究所である。生物人類学・進化人類学・社会人類学・文化人類学・映像人類学・医学人類学、また遺伝学、考古学、言語学などの隣接諸学をも関与の枠内にいれている。世界の人類学者あるいは人類学に関心をもつ者たちで構成されているが、会員の推薦を得て選考されて会員になることは人類学者として栄誉なこととされている（自分の氏名のあとにＦＲＡＩと付記することができる。ＦはFellowshipの頭文字）。季刊の『王立人類学研究所ジャーナル』をはじめとする三つの定期刊行物をもつ。また、講演会・シンポジウムを開催している。写真、映画、マニュスクリプトなどからなる膨大なアーカイヴは世界の研究者に利用されている。

この研究所が一九〇〇年から授与しているハクスレー記念メダル賞は、「人類学のノーベル賞」と言われている。トーマス・ヘンリー・ハクスレー（Thomas Henry Huxley, 1825-95）は動物学者として海洋無脊椎動物を研究したが、ダーウィンの進化論を熱烈に支持し、「ダーウィンの番犬」（the bulldog of Darwin）とあだ名された。英国科学界の世話役的存在だった。ハクスレー記念メダルは、ブルデューのほかのフランス人としては、マルセル・モース（一九三八年）、クロード・レヴィ＝ストロース（一九六五年）、モーリス・ゴドリエ（二〇〇八年）などが受賞している（日本人では、ただひとり、伊谷純一郎（一九二六―二〇〇一）が一九八四年に受賞している）。

「参与的客観化」はほぼ二〇年間をおいて『講義についての講義』と呼応するテクストで

ある。まず、コレージュ・ド・フランスと王立人類学研究所というアカデミズムの最高峰をなす舞台がそのことを証明している。内容的にも、ハクスレー講演は就任講義で展開した自分の理論を「参与的客観化」の実践の歩みとして再定義している、とも言える。

二つ、指摘しておきたい。

ロンドンでの講演は二〇〇〇年一二月におこなわれたが、当然、『王立人類学研究所ジャーナル』に掲載される（第九巻第二号、二〇〇三年六月刊）。フランス語でなく英語のテクストは、広く、英米の社会学者たちに読まれることはまちがいない。そこで、二〇世紀後半にアメリカで興ったギアツをはじめとする「社会学批判派」ないし「社会学自省派」の底の浅さを批判して、自分の理論のさらなる普及を狙った。デリダもそうだが、ブルデューもアメリカ「市場」の決定的重要性を若いときから意識していた。

ハビトゥス、資本（文化資本、象徴資本）、界……。いまや日本語辞典でも解説されている概念だが、『講義についての講義』と「ハクスレー講演」の双方でブルデューが力説している「制度化儀礼」（rite d'institution）の概念は、今後、人類学においても社会学においても、ポジティヴな生産性を発揮する概念であるはずである。

注

（1）コレージュ・ド・フランスについて、また、ブルデューが教授に選任された経過については次を参照。加藤晴久『ブルデュー　闘う知識人』講談社選書メチエ、二〇一五年、五六―六三頁。

（2）Yvette Delsaut et Marie-Christine Rivière, *Bibliographie des travaux de Pierre Bourdieu, suivi d'un entretien entre Pierre Bourdieu et Yvette Delsaut sur l'esprit de la recherche*, Le Temps des Cerises, 2002, 241p., p. 203.

（3）Marie-Anne Lescourret, *Bourdieu*, Flammarion, 2008, 538p., p. 313-314. 因みに、フーコーのすぐれた伝記の著者であるディディエ・エリボンが酷評しているように、レスクーレのこの伝記は杜撰で大雑把な欠陥商品。出版社は人選を間違えた。

（4）ＣＮＲＳは、ゴールドメダルのほかにも、イノベーション・メダルをひとつ、複数の銀メダル、銅メダルを、毎年、授与している。

編訳者あとがき

本書の構成について改めて説明させていただく。

前述のように、五六ページの小冊子『講義についての講義』は、ブルデューが夢想した「全体的な本」とも言えるとはいえ、日本では、それだけでは単行本になりえない。英国の出版社が「反省的社会学論集」というサブタイトルを付けた本の「結論」として収録したのはこのテクストの性質をよくとらえた適切な処理だった。

日本語版でまず、CNRSゴールドメダル受賞講演、英国王立人類学研究所ハクスレー記念メダル受賞講演と併録することを考えたのは、ひとつには、いずれもが、晴れがましい舞台で口述されたテクストという外的事情と、いずれもが、社会学の外側の人々に向かって「社会学の擁護と顕揚」をめざしたものという内的事情を考慮したからである。

さらに、『歴史学者と社会学者』は、ブルデューが社会学者としてもっとも多産であった時期に、隣接科学である歴史学の領域で将来を嘱望されていた明敏な対話者をえて、教養ある一般人を対象におこなった口述であり、最良の総括的イントロダクションとしての価値はすこしも失われていないという、ブルデューの長男ジェローム（エコル・ノルマル・スュペリユール主任研究員。経済史専攻）の強い意向もあって、最初に放送されたときから二〇年余り経っていたが、活字化されたものである。三つの講演と相補的な関係にある。

第Ⅰ部は倉方健作氏、第Ⅱ部は加藤が翻訳を担当し、相互に目を通したものの、文体を統一することはおこなっていない。

ブルデューの訳者陣に若く優秀な倉方健作氏が新たに加わってくださったことは誠に心強いことである。加藤にとっては今回が翻訳の最後の仕事となる。

着実かつ緻密に編集の作業を進めてくださった刈屋琢氏に、訳者両人、深く御礼申し上げる。

一九七七年に、高校で経済学・社会学・政治学を教える教員の採用試験である「経済・社会諸科学アグレガシオン」（agrégation de sciences économiques et sociales）が創設されたことは社会学が研究教育の世界で認知されたことを示している。この国家試験は社会学研究の界に参入する第一歩となっている。またいまや、社会学はフランスの大学、諸研究機関で揺るぎない場を占めているだけでなく、国際的にも高い評価を受けている。ブルデューについていえば、とりわけアメリカの大学ではもっとも研究されている社会学者であると『ル・モンド』紙が報じている。

没後一五年。社会学者ブルデューは生きている。
本書はそのブルデュー社会学への最良の入門書である。

二〇一七年一二月一日

編訳者を代表して
加藤晴久

マ 行

ヤ 行

ラ 行

人名索引

本文と訳者解説から項目を採り，姓・名の五十音順で配列した。

ア 行

カ 行

著者紹介

ピエール・ブルデュー（Pierre Bourdieu, 1930-2002）

高等師範学校卒業。哲学教授資格を取得。リセの教員となるが、55年アルジェリア戦争に徴兵。アルジェ大学助手、パリ大学助手、リール大学助教授を経て、64年、社会科学高等研究院教授。教育・文化社会学センター（現在のヨーロッパ社会学センター）を主宰し学際的共同研究を展開。81年コレージュ・ド・フランス教授。以後、逝去するまでコレージュ・ド・フランス社会学教授の地位にあった他、ヨーロッパ社会学研究所を主宰し、雑誌『社会科学研究学報』と出版社レゾン・ダジールの責任者も務めた。20世紀における最も影響力ある社会科学者のひとりであり、新自由主義に反対するグローバルな動員に関与する指導的な知識人のひとりだった。

社会学ならびに人類学の数多くの古典的作品の著者であり、『ディスタンクシオン』『実践感覚』（邦訳みすず書房）をはじめとして、『再生産』（パスロンと共著）『社会学の社会学』『構造と実践』『話すということ』『資本主義のハビトゥス』『社会学者のメチエ』（シャンボルドン、パスロンと共著）『芸術の規則』『自由－交換』（ハーケと共著）『遺産相続者たち』（パスロンと共著）『ホモ・アカデミクス』『教師と学生のコミュニケーション』（パスロン、サン・マルタンと共著）『ハイデガーの政治的存在論』『政治』『住宅市場の社会経済学』『リフレクシヴ・ソシオロジーへの招待』（ヴァカンと共著）『実践理性』『結婚戦略』『国家の神秘』（ヴァカン他と共著）『パスカル的省察』『科学の科学』『自己分析』『国家貴族』『介入』など、また〈シリーズ・社会批判〉として『市場独裁主義批判』『メディア批判』など、多数の著書がある。（以上、別記したものを除き邦訳は藤原書店）

ロジェ・シャルチエ（Roger Chartier, 1945-）

リヨンに生まれる。サン＝クルー高等師範学校出身。ルイ・ル・グラン高等学校教諭、パリ第一大学助手、社会科学高等研究院助教授を経て、社会科学高等研究院の研究指導教授をつとめるかたわら、同研究院歴史学研究センター所長。2006年コレージュ・ド・フランス教授。

著書に『書物から読書へ』（邦訳1992、みすず書房）『読者と読書』（邦訳1994、みすず書房）『書物の秩序』（邦訳1996、ちくま学芸文庫）『読書の文化史』（邦訳1992、新曜社）『フランス革命の文化的起源』（邦訳1994、岩波書店）など。

編訳者紹介

加藤晴久（かとう・はるひさ）

1935 年生まれ。1958 年東大仏文科卒。1960 年同大学院修士課程修了。1961-64 年、フランス国立高等師範学校に留学。明治学院大学講師を経て、1969 年東大教養学部助教授（フランス語）。1990 年教授。1996 年定年退官し恵泉女学園大学教授。2004 年に退職。日本フランス語教育学会会長（1991-1997）。国際フランス語教員連合副会長（1992-1996）。東京大学・恵泉女学園大学名誉教授。

訳書に、ファノン『黒い皮膚・白い仮面』（共訳、みすず書房）、ブルデュー『市場独裁主義批判』『パスカル的省察』『科学の科学』（藤原書店）ほか多数。著書に『憂い顔の『星の王子さま』』（書肆心水）、『ブルデュー 闘う知識人』（講談社選書メチエ）、『『ル・モンド』から世界を読む』（藤原書店）。編著に『ピエール・ブルデュー　1930-2002』（藤原書店）。

フランス共和国芸術文芸勲章 Arts et lettres（シュバリエ）、研究教育功労勲章 Palmes académiques（オフィシエ）受章。

倉方健作（くらかた・けんさく）

1975 年生まれ。1999 年早稲田大学第一文学部卒。2002 年東京大学大学院人文社会系研究科修士課程修了。2003-05 年、フランス国立高等師範学校に留学。2007 年東京大学大学院博士課程退学、2010 年博士（文学）。2015 年九州大学助教、2017 年准教授。
著書に『あらゆる文士は娼婦である——19 世紀フランスの出版人と作家たち』（石橋正孝と共著、白水社）。

知《ち》の総合《そうごう》をめざして——歴史学者《れきしがくしゃ》シャルチエとの対話《たいわ》

2018年 2 月 5 日　初版第 1 刷発行©

編訳者　加藤晴久
　　　　倉方健作

発行者　藤原良雄

発行所　株式会社 藤原書店

〒 162-0041　東京都新宿区早稲田鶴巻町 523
電話　03（5272）0301
FAX　03（5272）0450
振替　00160 - 4 - 17013
info@fujiwara-shoten.co.jp

印刷・製本　中央精版印刷

落丁本・乱丁本はお取替えいたします
定価はカバーに表示してあります

Printed in Japan
ISBN978-4-86578-157-1

超領域の人間学者、行動する世界的知識人

ピエール・ブルデュー (1930-2002)

「構造主義」と「主体の哲学」の二項対立をのりこえる全く新しい諸概念を駆使して、人文・社会科学のほとんどあらゆる分野を股にかけた「超領域の人間学」者。

コレージュ・ド・フランス教授の職務にとどまらず、社会学の共同研究はもちろん、自ら編集した雑誌『Actes』、自律的出版活動〈レゾン・ダジール〉、「ヨーロッパ社会運動協議会」の組織などを通して、世界的な知識人として行動。最晩年は反グローバリゼーションの国際社会運動をリードした。拡大された「資本」概念（文化資本）、〈場=界〉（champ）の概念をはじめ、人文・社会諸科学への影響は日増しに深まっている。

趣味と階級の関係を精緻に分析

ディスタンクシオン I・II

〈社会的判断力批判〉

P・ブルデュー
石井洋二郎訳

ブルデューの主著。絵画、音楽、映画、読書、料理、部屋、服装、スポーツ、友人、しぐさ、意見、結婚……。毎日の暮らしの「好み」の中にある階級化のメカニズムを、独自の概念で実証。

第8回渋沢クローデル賞受賞

A5上製　I五一二頁　II五〇〇頁
各五九〇〇円（一九九〇年四月刊）
I◇978-4-938661-05-2
II◇978-4-938661-06-9

LA DISTINCTION　Pierre BOURDIEU

「象徴暴力」とは何か

再生産

〈教育・社会・文化〉

P・ブルデュー、J-C・パスロン
宮島喬訳

『遺産相続者たち』にはじまる教育社会学研究を理論的に総合する、文化的再生産論の最重要文献。象徴暴力の諸作用とそれを蔽い隠す社会的条件についての一般理論を構築。「プラチック」論の出発点であり、ブルデュー理論の主軸。

A5上製　三〇四頁　**三七〇〇円**
（一九九一年四月刊）
◇978-4-938661-24-3

LA REPRODUCTION　Pierre BOURDIEU et Jean-Claude PASSERON

新しい社会学の本格的入門書

社会学の社会学

P・ブルデュー
田原音和監訳

文化と政治、スポーツと文学、言語と音楽、モードと芸術等、日常的な行為を対象に、超領域的な人間学を展開しているブルデューの世界への誘いの書。ブルデュー社会学の方法、概念、対象及び、社会科学の孕む認識論的・哲学的諸問題を呈示。

Ａ５上製　三七六頁　**三八〇〇円**
（一九九一年四月刊）
◇978-4-938661-23-6

QUESTIONS DE SOCIOLOGIE　Pierre BOURDIEU

〈附〉主要著作解題・全著作目録

構造と実践

（ブルデュー自身によるブルデュー）

P・ブルデュー
石崎晴己訳

新しい人文社会科学の創造を企図するブルデューが、自らの全著作・仕事について語る。行為者を構造の産物にして構造の再生産者として構成する「プラチック」とは何かを、自身の「語られたものごと」を通して呈示する、ブルデュー自身によるブルデュー。

Ａ５上製　三六八頁　**三七〇〇円**
（一九九一年一二月刊）
◇978-4-938661-40-3

CHOSES DITES　Pierre BOURDIEU

現代言語学・哲学批判

話すということ

（言語的交換のエコノミー）

P・ブルデュー
稲賀繁美訳

ソシュールにはじまる現代言語学の盲目性を、ハイデガー哲学の権威主義を、アルチュセール派マルクス主義の正統性の神話を、言語の社会的機能の視点から暴き、理論的言説が魔術的言説に他ならぬことを初めて喝破。

Ａ５上製　三五二頁　**四三〇〇円**
（一九九三年一月刊）
◇978-4-938661-64-9

CE QUE PARLER VEUT DIRE　Pierre BOURDIEU

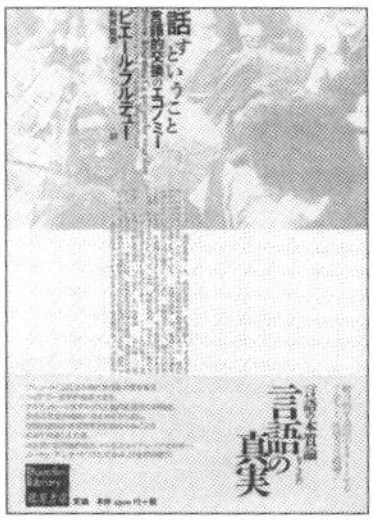

人類学・政治経済学批判

資本主義のハビトゥス

（アルジェリアの矛盾）

P・ブルデュー
原山哲訳

「ディスタンクシオン」概念を生んだブルデューの記念碑的出発点。資本主義の植民活動が被植民地に引き起こす「現実」を独自の概念で活写。具体的歴史状況に盲目な構造主義、自民族中心主義的な民族学をこえる、ブルデューによる人類学・政治経済学批判。

四六上製　一九二頁　**二八〇〇円**
（一九九三年六月刊）
◇978-4-938661-74-8

ALGÉRIE 60　Pierre BOURDIEU

ブルデュー理論の基礎

社会学者のメチエ

〈認識論上の前提条件〉

P・ブルデュー他

田原音和・水島和則訳

ブルデューの隠れた理論体系を一望に収める基本文献。科学の根本問題としての認識論上の議論を、マルクス、ウェーバー、デュルケーム、バシュラールほか、四十五のテキストから引き出し、縦横に編み、その神髄を賦活する。

A5上製　五二八頁　**五七〇〇円**

（一九九四年一月刊）

◇978-4-938661-84-7

LE MÉTIER DE SOCIOLOGUE

Pierre BOURDIEU, Jean-Claude CHAMBOREDON et Jean-Claude PASSERON

初の本格的文学・芸術論

芸術の規則 I・II

P・ブルデュー

石井洋二郎訳

作家・批評家・出版者・読者が織りなす象徴空間としての〈文学場〉の生成と構造を活写する、文芸批評をのりこえる「作品科学」の誕生宣言。好敵手デリダらとの共闘作業、「国際作家会議」への、著者の学的決意の迸る名品。

A5上製　I 三一二頁　II 三二〇頁　**各四一〇〇円**

（I 一九九五年二月刊　II 一九九六年一月刊）

I◇978-4-89434-009-1

II◇978-4-89434-030-5

LES RÈGLES DE L'ART

Pierre BOURDIEU

知と芸術は自由たりうるか

自由－交換

〈制度批判としての文化生産〉

P・ブルデュー、H・ハーケ

コリン・コバヤシ訳

ブルデューと、大企業による美術界支配に対して作品をもって批判＝挑発し続けてきた最前衛の美術家ハーケが、現代消費社会の商業主義に抗して「表現」の自律性を勝ち取る戦略を具体的に呈示。ハーケの作品写真も収録。

A5上製　二〇〇頁　**二八〇〇円**

（一九九六年五月刊）

◇978-4-89434-039-8

LIBRE-ÉCHANGE

Pierre BOURDIEU et Hans HAACKE

ブルデューの原点

遺産相続者たち

〈学生と文化〉

P・ブルデュー、J－C・パスロン

石井洋二郎監訳

『再生産』（1970）『ホモ・アカデミクス』（1984）『国家貴族』（1989）へと連なるブルデューの原点。大学における形式的平等と実質的不平等の謎を科学的に解明し、見えない資本の機能を浮彫りにした、文化的再生産論の古典的名著。

四六上製　二三二頁　**二八〇〇円**

（一九九七年一月刊）

◇978-4-89434-059-6

LES HÉRITIERS

Pierre BOURDIEU et Jean-Claude PASSERON